소프트웨어 **강국으로 가자**

위기의 한국 경제, **해법을 찾아라**

소프트웨어
강국으로 가자

매일경제 소프트웨어 기획취재팀 지음

매일경제신문사

2015년 봄 어느 날.

매일경제신문 편집국 산업부 기자들이 모인 저녁자리에서 한국 주요 산업의 경쟁력이 화제에 올랐다. 자동차와 조선, 철강 등 주요 산업에서 중국이 빠르게 치고 올라와 한국기업과 엇비슷해졌다는 평가가 많았다. 한국 제조업 경쟁력을 높일 해법을 놓고서도 갑론을박이 이뤄졌다. 한국기업들이 돌파구를 찾을 방법이 별로 없다는 의견이 많았다. 그러던 중 일부에서 한국 제조업의 하드웨어 경쟁력을 높이기 위해서는 역설적이지만 소프트웨어 파워를 더욱 키워야 한다는 주장이 제기되었다. 시간이 흐를수록 제조업의 많은 분야가 소프트웨어와 결합되는 경향이 강하게 나타나기 때문이라는 논리였다. 그 후 한국의 소프트웨어 산업 현황에 대한 취재를 시작했다. 소프트웨어 기획 기사의 필요성을 깨닫는 데는 그리 오랜 시간이 걸리지 않았다. 소프트웨어는 우리나라가 앞으로 재도약하기 위해, 아니 현재 수준의 경제 성장을 지속하기 위해서라도 반드시 필요한 핵심 역량이었기 때문이었다. 소프트웨어가 모든 산업에 걸쳐져 있는 만큼 산업부를 중심으로 모바일부와 과학기술부 기자까지 참여시켰다. 기자들이 취재현장에서 확인한 한국의 소프트웨어 분야의 현실은 초라했다. 미래가 보이지 않을 정도였다. 이렇게 가다가는 골든타임을 잃어버릴 수 있다는 비장한 마음까지 들었다. 소프트웨어 전공생은 매년 줄어들고 우수한 학생들은 한국을 떠났다. 정부가 소프트웨어 인재를 육성해야 한다고 외치는 게 공허해 보였다. 하지만 상당수 전문가들은 "늦었다고 깨달았다는 것이 중요하다. 늦었지만 언론에서 나서준다는 게 고마울 정도"라고 입을 모았다. 해외 현지 취재 과정에서는 더 배우기 위해 외국으로 나갔지만 한국에 돌아와 국내 소프트웨어 발전에 기여하고 싶다는 젊은이들의 이야기는 심금을 울렸다.

소프트웨어취재팀은 한국의 소프트웨어 실상부터 알려주고 싶어서 중국과의 비교를 시도했다. 중국 현지에서 확인한 것은 소프트웨어 분야에서도 굴기하는 중국의 모습이었다. 충격이었다. 소프트웨어 기획 시리즈 1회를 중국과 한국의 소프트웨어 분야 역량 비교로 시작한 것은 이 때문이다. 소프트웨어취재팀은 해외 선진 사례를 취재하면서 생생한 스토리를 접할 수 있었다. 미국 실리콘밸리에서 만난 한국인 소프트웨어 개발자들은 이구동성으로 한국이 소프트웨어 관련 정책을 개선하고 인력을 확충해 경쟁력을 기르지 않는다면 영원히 선진국을 쫓아갈 수 없다고 경고했다. 미국의 대표 기업 GE는 이미 제조업체에서 소프트웨어 업체로의 변신을 선언하고 소프트웨어 개발에 전사적인 역량을 집중하고 있었다. 실리콘밸리에 진출한 글로벌 자동차 업체들도 이를 방증했다. BMW 실리콘밸리 연구소장은 "실리콘밸리의 혁신적인 사고와 독일 본사의 기술이 합쳐져서 BMW의 첫 전기차 i3가 탄생했다"고 밝혔다. 소프트웨어는 영어처럼 세계인이 소통하는 또 하나의 공용어가 돼가고 있었다. 실리콘밸리 가정에서는 어린 아이들이 컴퓨터 프로그래밍인 코딩 교육을 받는 것이 일반적이었다. 초등학교 저학년 아이들이 마치 놀이하듯 공부하고 있었다. 초등학교에 소프트웨어 공교육 커리큘럼을 편성한 영국은 소프트웨어를 통해 또 한 번의 산업 혁명을 꿈꾸는 듯 했다.

소프트웨어취재팀은 4개월간의 국내외 취재를 통해 해답을 도출했다. 우선 전문가들을 대상으로 한 설문조사를 통해 한국의 소프트웨어 발전을 가로막는 5가지 적(敵)을 찾아냈다. 그 결과, 정부의 잘못된 정책과 행태가 최대의 적으로 꼽혔다. 특히 정부의 최저가 낙찰 중심 발주, 토목공사에나 적합한 개발비 산정기준 등이 소프트웨어 산업 발전을 가로막고 있다는 목소리가 많았다. 두 번째 적으로는 소프트웨어는 복제해서 나눠 쓰면 된다는 잘못된 사회인식과 무단복제 문화라고 지적되었다. 그 다음 문제점으로는 미성숙한 시장으로 인해 소프트웨어 산업에서 성공모델이 사라진 점,

20세기에 머물러 있는 낡은 소프트웨어 교육, 하드웨어 중심의 기업문화 순으로 꼽혔다.

취재팀은 국내외 소프트웨어 분야 전문가들의 설문조사를 바탕으로 한국이 소프트웨어 강국으로 도약하기 위해 꼭 필요한 10가지를 어젠더로 제안했다. 대통령 직속의 소프트웨어발전위원회를 만들어 정부 각 부처에 흩어진 소프트웨어 정책을 총괄하는 컨트롤타워 역할을 하도록 해야 한다. 소프트웨어 인재에게는 병역특례를 줘서 국가 전산망 해킹 등에 대비하는 소프트웨어 전사로 육성해야 한다. 오픈소스 소프트웨어를 활성화해 소프트웨어 경쟁력을 높여야 한다. 아울러 정부는 소프트웨어 분야 벤처기업의 인수합병(M&A)이 활성화되도록 지원해야 한다. 소프트웨어 기업들은 직원들에게 전문적인 개발자 또는 간부의 길을 선택하도록 투트랙 인사시스템을 허용해야 한다. 공무원시험에도 소프트웨어 과목을 포함시키고 정부 취업 재교육 프로그램에 소프트웨어 교육을 더욱 확대해야 한다. 아무쪼록 이 책이 한국이 소프트웨어 강국으로 도약하는데 조금이나마 보탬이 되길 빈다.

2015년 가을 초입에
서양원 산업부장 겸 부국장

CONTENTS

CONTENTS

소프트웨어 **강국으로 가자**

PART 1

VS 중국의 소프트웨어 굴기
한국의 소프트웨어 홀대

중국의 소프트웨어 굴기 vs 한국의 소프트웨어 홀대

중국의
폭풍성장

소프트웨어 개발자 김 모 씨(30세)는 2015년 상반기 중국행을 택했다. 중국 게임업체가 연봉 6,000만 원과 중국어 교육, 주거지 등을 제공하겠다고 제안해서다. 그는 중국 소프트웨어 개발자 우대정책은 한국과는 180도 다르다며 미련 없이 한국을 떠나기로 결심했다. 그는 국내 대학에서 컴퓨터공학 석사를 마치고 프리랜서로 활약하며 능력을 인정받았지만 국내에서는 3,000만 원대 연봉을 제시받았을 뿐이었다. 한국에서 게임 개발업체를 운영해온 신 모 대표는 최근 100여 명에 이르는 한국법인 인력 대부분을 중국 상하이와 홍콩으로 이동시켰다. 본인도 거주지를 상하이로 옮겼다.

글로벌 소프트웨어시장 존재감 없는 한국

4,154(1)

773(2) 740(3)

629(4)

467(5)

(단위=억 달러)

317(6) 285(7)

104(17)

미국 일본 영국 독일 프랑스 캐나다 중국 한국

* 패키지 소프트웨어 등 협의의 순수 소프트웨어 분야만 포함한 2014년 기준 국가별 시장규모
괄호안은 순위(자료=IDC).

신 대표는 "13억 소비자를 가진 중국은 이미 정부의 소프트웨어 우
대정책이나 인프라스트럭처, 인력풀이나 수준에서 한국을 넘어섰
다"며 "굳이 한국에 법인을 놔둘 필요가 없다"고 속내를 털어놨다.

한국에서 소프트웨어 분야 고급 인재 엑소더스(Exodus)가 일어
날 조짐이다. 구글은 2015년에 들어 카이스트 전산학부에 공문을
보내 박사과정 학생 중 구글 본사에서 인턴십을 할 4명을 추천해
달라고 처음으로 요청했다. 2015년 5월 27일 서울대 제2공학관에
서는 페이스북 본사에서 온 직원들이 서울대 컴퓨터공학과 학생들
을 대상으로 인재 스카우트 설명회를 열었다.

젊은 한국인 가운데 소프트웨어 분야 첨단 기술이나 인적 네트워크를 구축하려는 사람들은 미국 실리콘밸리로, 급팽창하는 중국 시장을 노리는 인재들은 중국으로 향하고 있다. 자칫하다가는 한국은 소프트웨어 인재를 미국이나 중국에 빼앗기는 넛 크래커(Nut Cracker) 신세가 될 수 있다.

한국 소프트웨어 개발자들 사이에서는 자기 삶이 4D와 3C라는 자조 섞인 말이 유행하고 있다. 어렵고(Difficult) 지저분하며(Dirty) 위험하고(Dangerous) 희망이 없는 환경(Dreamless)에서, 담배(Cigarette)와 커피(Coffee), 컵라면(Cup ramyeon)으로 때우면서 소프트웨어를 개발한다는 뜻이다.

이처럼 한국이 소프트웨어 인재를 홀대하는 사이 중국은 소프트웨어 강국으로 변모하고 있다. 소프트웨어 굴기다. 중국 소프트웨어 시장은 연평균 30%씩 성장하고 있다. 시가총액 기준으로 10대 글로벌 IT 기업 중 무려 4곳이 중국 업체다. 4대 천왕으로 불리는 알리바바, 텐센트, 바이두, JD닷컴은 이미 한국 기업을 능가하는 소프트웨어 경쟁력을 갖췄다는 평가를 받는다.

최근에는 샤오미까지 가세했다. 2015년 기준 창업한 지 6년밖에 되지 않은 샤오미가 초고속 성장하는 요인 중 하나가 강력한 소프트웨어 덕분이다. 안드로이드를 변형해 독자적으로 만든 운영체제(OS)인 미유아이(MIUI)가 샤오미 성장에 로켓엔진을 달아준 셈이다.

전문가들은 소프트웨어 산업은 자체로서 부가가치를 창출할 뿐 아니라 고용에도 크게 기여하기 때문에 적극 육성해야 한다고 지적한다. 한국인들이 잘할 수 있는 소프트웨어 분야를 잘 키우면 41만 명(2015년 5월 기준 청년실업률 9.3%)에 달하는 청년 실업문제 해결에도 크게 기여할 것으로 기대된다. 삼성그룹만 하더라도 국내외에서 소프트웨어 인력을 4만 명 채용하고 있는데 이들 중 2만 명이 외국인이다. 한국인 소프트웨어 인재가 늘어나면 상당수 외국인을 대체할 수 있다. 김진형 소프트웨어정책연구소장은 "글로벌 시장에서 소프트웨어 혁명이 빠르게 일어나고 있는 만큼 준비가 안 된 개인이나 기업, 국가는 몰락할 것"이라고 경고했다.

중국의 소프트웨어
육성 정책

　세계는 지금 소프트웨어 전쟁 중이다. 산업사회가 종언을 고하고 소프트웨어 사회가 도래했기 때문이다. 소프트웨어 활용은 개인이나 기업의 생존은 물론 국가 흥망과도 직결되어 있다. 미국 등 선진국은 앞서서 뛰고, 중국 등 신흥국은 거세게 추격하고 있다. 한국만 우물쭈물하고 있으면 순식간에 뒤처질 수 있다.

　매일경제신문은 이 같은 위기의식을 갖고 이 책에서 총 7회에 걸쳐 소프트웨어에 대한 우리 현실을 진단하고 글로벌 경쟁에서 앞서나갈 어젠다를 제시할 것이다.

　웨이홍창 씨(25세)는 중국 선양에 위치한 둥베이대학에서 소프

중국 소프트웨어대학원에서 경제학 강의가 진행되고 있다.

트웨어를 전공했다. 그는 2014년 9월 베이징대학 소프트웨어대학원에 입학했다. 1학년이지만 중국 포털 사이트 업체인 '넷이즈'에서 인턴생활을 하며 매달 9,000위안(한화 약 160만 원)을 받고 있다. 웨이 씨는 "중국에서 소프트웨어 개발자 초봉은 평균 20만 위안(한화 약 3,500만 원)으로 다른 직군에 비해 상당히 높다"며 "개발자에 대한 수요가 급속히 늘어나고 대우도 더욱 좋아지고 있다"고 만족감을 표했다.

중국 베이징대에서 남쪽으로 약 40㎞ 떨어진 베이징시 다싱구에 위치한 베이징대 소프트웨어대학원. 높은 빌딩이 빽빽이 들어선

베이징 모습과 달리 황량함마저 느껴지는 이곳에 중국 소프트웨어 산업 분야에 마중물 노릇을 하는 소프트웨어대학원이 위치해 있다.

2015년 5월 20일 베이징대 소프트웨어대학원 강의동 2층을 방문했을 때 대학원생들을 대상으로 경제학 수업이 한창이었다. 칠판에는 어려운 코딩 언어 대신 경제학 용어가 적혀 있었다. 여기서 경제 금융지식을 배운 학생들은 졸업 후 금융권이나 산업계에 진출해 소프트웨어를 접목하는 일을 맡게 된다. 잭 우 베이징대 소프트웨어대학원장은 "인문계나 이공계를 구분하지 않고 본인 관심에 따라 다양한 분야를 배운 학생들이 해당 분야에 진출하게 된다"고 설명했다. 실제로 소프트웨어대학원에 입학하는 학생의 상당수는 컴퓨터공학을 전공하지 않았다.

비슷한 시각 베이징대 컴퓨터공학과 건물 한 연구실. 이곳에 들어서자 여러 연구실 문에는 IBM, 화웨이 등 IT 기업 이름이 적혀 있었다. 모두 세계적인 IT 기업과 함께 프로젝트를 진행하는 연구실이다. 2014년 기업이 베이징대 소프트웨어대학원에 투자한 금액만 2,000만 위안(한화 약 35억 원)을 넘는다.

한 연구실에서는 석·박사 학생 20여 명이 모여 토론을 하고 있었다. 이들은 소프트웨어대학원이 아닌 베이징대 컴퓨터공학과 대학원생들로 취업보다는 연구 중심으로 공부를 하고 있다. 셰빙 베이징대 컴퓨터공학과 교수는 "한 달에 한 번 대학원생들이 모여 소프트웨어에 대한 최신 연구 성과를 논의하고 연구 방향을 설정하고 있다"며 "이 길을 선택한 대다수 학생들은 박사학위를 받고 교수가 되거나 유학을 간다"고 말했다. 소프트웨어 인재를 산업 분야와 연구 분야로 나눠서 투트랙(Two-track)으로 길러내고 있는 것이다.

중국에서 만난 소프트웨어 분야 종사자들은 소프트웨어의 미래가 밝다고 입을 모은다. 잭 우 원장은 "소프트웨어대학원에는 2014년 정원 635명에 3,000명 넘는 학생이 지원했다"며 "지원자가 워낙 많아 경쟁률이 높다"고 말했다.

대학원에 진학해서도 마찬가지다. 연구를 위해 대학원에 진학한다 하더라도 능력이 뛰어난 학생들은 높은 연봉을 받고 페이스북이나 트위터 등에 취업하고 있다. 매년 중국에서 대학 입시에 지원하는 학생이 약 1,000만 명이고 그중 600만 명이 대학교에 입학하는데 20~30만 명이 소프트웨어 학과에 진학하기를 희망한다. 셰빙 교수도 "워낙 우수한 인재들이 많이 몰려서 경쟁이 치열하고 졸업한 이후에도 자부심이 높다"고 말했다.

중국 정부의 강력한 정책과 인재, 넓은 시장을 배경으로 중국 소프트웨어 산업이 크게 발전하고 있다. 중국 제조업 규모가 성장하고 있지만 성장 속도가 둔해지고 있으며 생산비용 증가, 수출 위

중국 소프트웨어(SW) 굴기 모습

일러스트=유제민

중국 SW 굴기모습 (자료=중국정부·연구소 발표 종합)

- 🔘 **국가 차원에서 중장기 비전과 자원**
  SW 12차 5개년 계획(2011~2015년), 중장기 과학
  기술 추진계획(2006~2020년)

- 🔘 **국가에서 SW 인재육성**
  외국 우수인재 유재(千人계획=2008년 부터 10년간
  세계적인 학자 2,000명 영입)

- 🔘 **컴퓨터과학 분야 중국 SCI 논문 수 세계 2위**

- 🔘 **SW 분야 중국 기업 급증 1만 8,500개**
  (한국의 4배)

- 🔘 **SW 관련 학과 전공 학생 2010년에 300만명**
  (한국의 20배)

축 등으로 인해 중국 정부는 제조업 중심에서 지식기반 경제로 전
환하는 것을 모색하고 있는데 그 중심에 소프트웨어가 있다.

　2000년 중국 국무원은 소프트웨어와 집적회로 산업 장려 발전
에 관한 정책을 발표하면서 소프트웨어 산업 육성을 위한 다양

한 정책을 추진하고 있다. 소프트웨어 분야 부가가치세를 17%에서 3%로 낮췄으며 전국 35개 대학에 베이징대 소프트웨어대학원과 같은 특성화 학교를 만들어 인재를 양성하기 시작했다. 소프트웨어대학원에 대해서는 등록금이나 교육과정 등을 학교 자율에 맡겼다. 정부의 강력한 지원 아래 중국 소프트웨어 사업이 폭발적인 성장세를 보이고 있다.

북경대와 함께 소프트웨어대학원을 설립한 우한대는 북경대와는 다른 방법으로 소프트웨어 인재를 길러내고 있다. 연간 400명이 입학하는 이곳의 취업률은 98%에 이른다. 우한대가 위치한 후베이성 지역은 북경이나 상하이 등과 비교했을 때 다소 낙후된 곳이지만 지역 내에 있는 기업에 필요한 인재를 길러내는 맞춤형 교육이 진행되고 있다. 사물인터넷과 같은 신수요에 기반, 현지 기업과 공동으로 사업을 기획하고 있다. 현지 중소형 제조기업들은 사물인터넷 등 신규 수요는 많으나 소프트웨어 개발팀이 없어 소프트웨어대학원과의 협력에 적극적으로 나서고 있다.

중국 소프트웨어 연간 보고서에 따르면 2008년 중국 소프트웨어 기업 수는 1만 6,194개에서 2013년 3만 3,335개로 두 배 이상으로 늘었으며 같은 기간 소프트웨어 업계 종사자는 154만 명에서 470만 명으로 3배 가까이 증가했다. 또한 영업이익이 1억 위안 이상인 대기업은 2,800여 개나 된다.

데이터베이스 업체로 중국에 진출해 성공한 엔코어는 2014년 원하는 인력을 모두 채용하지 못했다. 인력이 없어서라기보다는 너무 많은 업체가 인력을 쓸어가기 때문이다.

쯔앙 보위 엔코어 중국법인 지사장은 "중국 회사들의 인재에 대한 대우가 정말 파격적"이라며 "우수 인력들이 좋은 조건을 받고 여러 기업으로 몰려가고 있다"고 말했다. 조현정 비트컴퓨터 회장은 "중국의 소프트웨어학원 등에서 매년 25만 명의 우수한 개발인력이 쏟아져 나오고 있다"며 "정부가 중요성을 인식하고 적극적으로 투자한 결과"라고 말했다.

 **INTERVIEW**

쯔앙 보위
엔코어 중국법인 지사장

Q 한국에서 소프트웨어를 공부한 뒤 중국 엔코어 법인 지사장을 맡고 계십니다. 최근 중국을 방문했는데 개발자들에 대한 중국 회사들의 대우가 파격적이었습니다. 지사장님께서 보시기에 중국과 한국의 소프트웨어 산업과 문화, 가장 큰 차이점은 무엇이라고 생각하십니까.

A 맞습니다. 최근 중국 회사들의 대우가 정말 파격적입니다. 저희 회사는 2015년 3월부터 계속해서 인력을 채용하고 있는데, 2014년 대비 채용 성공 확률이 절반도 안 됩니다. 소프트웨어 인력을 채용하기 어려운 이유로는 최근 중국의 인터넷 금융, 빅데이터, O2O 등 새로운 분야가 너무 빠르게 확산되고 있다는 것을 들 수 있습니다. 우수한 소프트웨어 인력들이 좋은 조건으로 이러한 새로운 산업에 많이 채용되고 있기 때문입니다. 제가 볼 때는 중국과 한국의 소프트웨어 산업 문화의 가장 큰 차이점은 다음과 같습니다.

중국의 소프트웨어 사업은 고객 중심으로 형성되어 있으며, 업종별로 그 특성이 명확히 구분되어 있습니다. 고객 중심이라는 것은 어느 고객사를 개척하게 되면 장기적으로 계속해서 그 고객사에서 일할 수 있습니다. 소위 말하는 전형적인 '꽌시(关系)' 문화인 것이죠. 한번 신뢰를 얻게 된 정보통신기술 소프트웨어 기업에게 새로운 프로젝트를 지속적으로 맡기게 되는 것입니다.

이는 한국의 프로젝트를 기반으로 하는 운영방식과는 다릅니다. 중국 모든 업종에 많은 업체가 있고 소프트웨어 업체는 어느 한 업종 솔루션만 가지면 사업이 계속해서 될 수 있습니다. 한국 소프트웨어 업체가 모든 가능한 업종, 모든 가능한 프로젝트를 시도하는 것과 다릅니다.

중국 고객사들은 아직까지 소프트웨어에 대한 요구사항이 성숙하지 못하기 때문에 거의 모든 소프트웨어 기업들은 수익을 보장 받을 수 없다고 봐야 합니다. 이 때문에 소프트웨어 기업의 경우, 캐시 플로우(Cash Flow) 어려움을 겪게 됩니다. 이에 따라 대부분 소프트웨어 업체는 외부의 힘을 이용하여 자기의 자생력을 강화할 수밖에 없습니다. 외부의 힘은 외부 투자 또는 주식시장에 상장하는 것입니다.

그래서 중국의 많은 소프트웨어 기업의 주주 구성은 한국과 사뭇 다르고 거의 모든 소프트웨어 업체의 목적이 상장에 맞춰져 있다고 해도 과언이 아닙니다. 상장해야만 오랫동안 벌지 못했던 현금을 한 번에 회수하게 되기 때문입니다.

중국엔 투자자들이 아주 많습니다. 2013년 이전에 건설, 부동산 쪽에 투자하는 사람이 아주 많았고 이제 부동산이 잘 안 되니 인터넷 금융, 빅데이터 사업, O2O 등 새로운 사업에 투자를 많이 하고 있습니다.

위 현상으로 인해 중국 소프트웨어 업체들은 기술과 제품을 연구하는 쪽보다는 기술과 제품을 수단으로써 상장하거나 인수 당하는 쪽에 활용합니다.

결론적으로 중국의 소프트웨어 산업은 기업 확장을 위한 수단이고 한국의 소프트웨어 산업은 지속적으로 새로운 기술과 제품을 연구하는데 목적을 갖고 있다는 것입니다. 물론 중국 소프트웨어 기업들 중에는 인수합병과 상장을 통해 업의 본질을 유지하면서 확장해가는 기업들도 있습니다.

Q 중국은 2001년부터 전국 대학에 소프트웨어대학원을 설치하고 인력을 배출하고 있습니다. 대우가 좋으니 우수한 학생들도 입학을 많이 하고 있는데, 한국의 경우 우수한 학생들이 개발자의 길을 포기하는 경향이 많습니다. 한국에 계실 때 우리나라 소프트웨어 교육의 문제점을 뭐라고 느끼셨습니까.

A 개인적으로 한국의 학생들이 개발자의 길을 포기하는 이유는 공급과 수요가 맞지 않기 때문이라고 봅니다. 한국의 소프트웨어 관련 학과 출신들은 일자리도 넉넉하지 않을 뿐 아니라, 충분한 보상을 받기 어렵기 때문에 개발자의 길을 포기하는 경향이 생기는 것 같습니다. 시장의 수요와 공급 과잉 문제를 떠나 교육 자체만을 놓고 이야기 하자면 다음과 같습니다.
중국 대학교에서는 새로운 기술은 거의 배우지 못하고 오래된 기술을 배우고 있습니다. 교수님들은 프로젝트와 논문에 신경을 많이 쓰고 학생 교육에 별로 신경을 쓰지 않습니다. 시장의 논리에 의해 교수님들이 움직이고 있다는 것을 나쁘게 표현하면 학업에 신경 쓰지 않는다는 것일 수도 있지만, 반대로 시장과 긴밀하게 움직이고 있다는 뜻이 되기도 하겠지요.
수많은 IT 기업들이 대학교 교수님들과 연계되어 있고, 중국의 초대형 IT 기업들은 대부분 대학교 산하 벤처에서 시작되었습니다.
저는 한국에서 석사와 박사 과정을 마쳤는데, 한국 대학의 교육 환경과 교육 방식은 중국 대학교보다는 훨씬 좋습니다. 하지만, 한국의 대학 교육 환경은 시장 친화적이지 못한 것이 현실입니다. 대부분의 중국 대학생들은 능동적이고, 스스로 공부하는 습관을 갖고 있습니다.

한국의 학생들은 대학교에 있는 동안 '성숙'해지기 어려운 것 같습니다. 여기서 말하는 '성숙'은 어려움을 견디는 능력, 즉 스스로 공부하고 환경에 적응할 수 있는 능력, 도움이 없이 인생 방향을 판단할 수 있는 능력이라고 생각합니다.

Q 엔코어는 중국에서 성공한 몇 안 되는 한국 소프트웨어 기업입니다. 이미 한국은 중국의 소프트웨어를 따라갈 수 없다는 목소리도 나오고 있습니다. 지 사장님이 생각하시기에 중국이 소프트웨어 강국으로 떠오를 수 있는 원인 3가지는 뭐라고 생각하십니까.

A 소프트웨어를 수단이라고 인식한다는 것입니다. 소프트웨어는 비즈니스의 본질을 바꾸는 도구는 아닙니다. 소프트웨어 역할은 시간과 공간의 제약을 줄여주는 수단이지요. 인터넷 기업이 아닌 이상 소프트웨어는 장인 정신으로 갈고 닦아야 하는 기술이 아니라 새로운 비즈니스 기회를 얻기 위한 수단으로 활용해야 한다는 것입니다. 하지만 한국 기업들은 소프트웨어에 대한 장인 정신이 너무 투철하게 보입니다.

젊은 인재와 오픈된 생각입니다. 현재 한국 소프트웨어 기업이나 고객사는 새로운 생각과 사상을 수용하지 못하는 중장년층이 너무 많습니다. 현재의 중국 IT 산업과 비교하면 분위기가 활발하지 못합니다. 오픈된 생각을 가지고 모든 가능한 업체와 협력합니다.

Q 중국 시장은 굉장히 넓습니다. 따라서 중국 시장으로 진출하려는 한국 기업들도 여럿 있습니다. 지사장님께서 중국 소프트웨어 시장에 진출하려고 하는 한국 기업에게 조언을 한다면 어떤 말씀을 해주시고 싶으십니까.

A 제가 중국에 진출하려고 하는 한국 기업에게 드리고 싶은 조언은 다음과 같은 4가지입니다. 마음을 제대로 오픈해야 합니다. 중국 사람을 한국 사람처럼 제대로 믿어야 합니다. 제품을 제대로 **글로벌화** 해야 합니다. 비즈니스 방식을 변경해야 합니다.

Q 중국이 소프트웨어에 적극적인 투자를 하고 있는 예시를 하나 찾는다면 어떤 것이 떠오르십니까.

A 중국에서 투자를 찾는 것은 어려운 일이 아닙니다. 중국에서는 시장성이 있으면 얼마든지 투자처를 찾을 수 있습니다. 제가 볼 때는 한국 업체 입장에는 홍콩에 상장한 중국 내륙 IT 업체를 찾아보는 게 맞을 것 같습니다.

Q 마지막으로, 한국 소프트웨어 산업 발전을 위해 조언 한 말씀 부탁드립니다.

A 한국 소프트웨어 산업 발전을 위해 조언을 드리기 어려운데 간단하게 말씀을 드리겠습니다. 한국 소프트웨어를 다시 활발하게 움직이게 하기 위해서는 해외 투자 유치를 통해서 한국 소프트웨어 업체가 아시아의 R&D 센터 역할을 하는 방식으로 노력해야 할 것 같습니다. 핵심 기술을 한국에서 개발하는 핵심 연구 기지 역할이 되겠죠.

한국 소프트웨어 업체는 제품의 완성도 높이고 제대로 로컬라이제이션(Localization)하고 새로운 방식으로 해외 진출할 필요가 있습니다.

지금 중국 북경, 상해 등 대도시 소프트웨어 인건비와 사무실 비용은 한국의 서울 보다 비싸기 때문에 앞으로 중국 소프트웨어 업체는 비용을 줄이고 양질의 제품을 개발하려고 한국 소프트웨어 업체와 협력하는 방식을 찾게 될 수 있을 것입니다. 만약 그게 가능하면 한국 소프트웨어 산업의 다양한 문제를 새로운 차원으로 해결할 수 있을 것입니다.

소프트웨어 개발자,
중국 최고의 직업이 되다

중국에서 소프트웨어를 공부하고 있는 학생들 사이에서 회자되는 재미있는 이야기가 있다. 중국의 대표적 IT 기업인 '화웨이'의 자신만만한 발언이다. 화웨이는 학생들에게 "우리 회사에서 5년만 일한다면 1억 원이 넘는 연봉을 주겠다"며 학생들을 쓸어 담고 있다. 한국과는 전혀 딴 얘기다. 우리나라에서는 어떤 소프트웨어 회사도 "5년 뒤 1억 원을 주겠다"며 학·석사급 학생들을 데려가지 않는다. 놀란 마음에 "당연히 가야 하는 것 아니냐"고 물었더니 손사래를 치며 예상치 못한 답이 돌아왔다. "힘든데 왜 가요. 갈 수 있는 기업은 상당히 많습니다."

중국에서도 소프트웨어 개발은 힘든 직업이다. 일이 많고 야근을 밥 먹듯 해야 한다. 그러나 중국 정부에서 인재 양성을 위해 만든 소프트웨어대학원을 선택하는 순간 이들은 취업 걱정을 하지 않는다. 다른 분야에 비해 상대적으로 많은 돈을 벌 수 있는 길로 들어섰기 때문이다.

2015년 5월 20일 베이징대 소프트웨어대학원 강의실에서 만난 26세 여성 루천 씨는 학부 시절 생물학을 전공했다. 이후 경제·금융 분야로 취업을 하고 싶어서 고민하지 않고 소프트웨어대학원에 진학했다.

소프트웨어대학원은 크게 소프트웨어 분야와 비소프트웨어 분야로 나누어 학생들을 모집하는데, 비소프트웨어 분야는 학부에서 경제·금융을 전공한 학생이 많다. 루 씨는 "소프트웨어를 배우고 나면 경제·금융과 소프트웨어가 결합된 분야로 진출할 수 있다"며 "많은 학생들이 자신의 학부 전공을 소프트웨어에 접목시키는 역할을 하게 된다"고 말했다.

일반적으로 소프트웨어대학원을 졸업한 학생들이 받는 연봉은 20만 위안(한화 약 3,500만 원)으로 중국 내 다른 분야 직종에 비해 높은 편이다. 중국에서는 기업과 지역에 따라 연봉이 천차만별이지만 일반적으로 대도시에서 대졸자들은 2,000만 원 안팎을 받는다.

기업은 자신들이 바로 쓸 수 있는 인력을 길러내기 위해 소프트웨어대학원 학생들과 다양한 공동 프로젝트를 진행하며 미리 인재를 확보하고 있다. 중국 IT 회사들은 늘어나는 개발자 수요를 채우기 위해 거주지 보증금을 무이자로 빌려주는 등 많은 혜택도 제공하고 있다.

미국 소프트웨어회사인 VM웨어에서 인턴을 하고 있는 자오둥위 씨(26세)는 중국 기업보다는 외국계 기업에 취업하기 위해 준비하고 있다. 외국계 기업 복지가 더 낫기 때문이다. 그는 "내년에 졸업을 하고 외국계 IT 회사에서 개발자 경력을 쌓고 싶다"며 "개발자가 능력을 인정받고 이직을 하게 되면 연봉은 1.5배 이상 높아진다"고 말했다.

한국 소프트웨어 개발자는 수명이 짧고 고생만 한다는 인식이 강하다. 하지만 중국에서는 능력만 있다면 그에 걸맞은 대우를 받을 수 있다는 이유로 우수 인재가 개발자의 길을 걷는다. 우수 인재가 몰리다 보니 우수한 벤처기업이 나오면서 성공사례가 줄을 잇고 있다. 대표적인 인물이 샤오미 최고경영자(CEO)인 레이쥔이다. 그는 중국 우한대 소프트웨어대학원을 졸업한 뒤 샤오미를 창업했다.

중국 최대 검색 업체인 바이두, 화웨이 등과 프로젝트를 수행하며 소프트웨어를 공부하고 있다는 쑨찌허우 씨(27세)는 "능력만 있

다면 30~40대에도 임원을 할 수 있는 분야가 바로 소프트웨어"라
며 "졸업생 중에는 회사 가치가 4억 위안(한화 약 718억 원)인 벤처
를 만든 사례도 있다"고 말했다. 그는 "소프트웨어 개발자는 중국
에서 인기 있는 직업으로 자리 잡았다"며 "돈을 벌고 싶고 성공하
고 싶은 학생들이 소프트웨어 분야로 몰리고 있다"고 말했다.

실리콘밸리로 떠나는
한국의 인재들

"구글 인턴십에 카이스트 전산학 박사과정 학생 4명을 추천해 주십시오." 카이스트 전산학부장 배두환 교수는 2015년 들어 미국 구글 본사 인사담당자에게서 이 같은 내용의 공문을 받았다. 전산학부는 학생 4명을 추천했고 구글 측 서류 심사를 받고 있다. 인턴십이 확정되면 2015년 가을부터 세계 유수 대학(원)에서 온 인턴들과 겨루며 최고의 소프트웨어 인재들과 함께 실무를 익히게 된다. 구글은 매년 학업과정 중에 있는 글로벌 컴퓨터공학 전공자들을 대상으로 인턴십을 운영 중이다. 한국 대학 중에서는 카이스트가 처음으로 이 제안을 받은 것이다.

물론 미국에 건너가 구글이나 HP, 마이크로소프트(MS) 같은 글로벌 소프트웨어 기업에서 근무하고 있는 카이스트 출신 엔지니어는 수백 명 이상이다. 하지만 구글이 이번처럼 공부하고 있는 학생을 미리 추천해달라고 한 것은 그만큼 한국 인재에 관심이 크다는 것으로 풀이된다.

2015년 5월 27일 서울대학교 제2공학관(302동). 페이스북 본사에서 날아온 한국인 직원들이 채용 설명회를 열었다. 카이스트 석사 출신인 여성 엔지니어 A씨와 연세대학교 학부 출신으로 인턴십을 하고 있는 남성 B씨가 연단에 섰다. 이들은 "서울대 컴퓨터공학과 여러분들의 이력서를 받기 위해 왔다"며 채용 과정과 코딩(컴퓨터 프로그래밍) 인터뷰 등에 대해 자세한 설명을 이어갔다. A씨는 "우리나라 대기업 입사 시험처럼 인성 면접이나 풀기 어려운 문제는 없다"며 "알고리즘에 대한 이해, 코딩 능력만 보여주면 취업은 어렵지 않다"고 설명했다. 그는 "상당히 많은 엔지니어가 추천이나 즉석 면접을 통해 입사한다"며 "나 역시 석사 과정 중 참여한 학회에서 예상치 못하게 면접을 치르고 채용됐다"고 전했다. 이번 설명회에는 컴퓨터공학 전공생을 포함해 학생 수십 명이 몰려들었다. 서울대 관계자는 "2015년 4월에는 구글 본사 인사담당자가 학교에 방문해 인턴십 과정을 소개한 적이 있다"고 분위기를 전했다.

실리콘밸리나 유럽 등지 소프트웨어 기업에서 일하는 한국인 개발자도 점점 늘어나는 추세다. 국내 중소 소프트웨어 업체에 다니던 박인 씨는 6년차 개발자이던 2010년 영국행을 택해 시스코에서 근무하고 있다. 그는 "국내 엔지니어들은 연공서열, 위계질서 등 국내 기업 문화에 적응하기 힘들다"며 "제약 없이 능력을 발휘하고 평가받을 수 있는 곳을 고민하다가 해외를 택했다"고 설명했다. 박 씨는 "나중에 한국에 돌아가면 소프트웨어 개발 문화에 기여하고 싶다"고 말했다. 권영희 씨는 카이스트 박사 과정 중 졸업을 1년 가까이 남긴 시점에서 구글의 '입사 요청서(Job Offer)'를 받았다. 졸업 후 미국으로 건너간 그는 구글의 소프트웨어 엔지니어가 됐다. 해외행을 택한 이유에 대해 권 씨는 "소프트웨어 개발자로서 한국에서 살아가기에는 미래가 불확실했다"는 점을 꼽았다. 그는 "한국 기업에서 일하지 않으려는 건 아니지만 아직은 소프트웨어 개발자로서 해외에서 얻을 수 있는 기회가 훨씬 더 많은 것 같다"고 덧붙였다.

국내 대기업 경영진 가운데 소프트웨어 개발자 출신은 손으로 꼽을 정도로 극소수다. 이는 소프트웨어 개발자들이 기업 내 부수적인 역할만 담당하기에 개발자가 스스로 역량을 키울 동기를 부여받지 못한 측면도 있지만 그만큼 소프트웨어에 대한 기업 최고경영층의 관심이 작다고 할 수도 있다. IT 서비스 회사에서 최근 국내 이동통신사 임원으로 자리를 옮긴 C씨는 "통신 기업에도 소프트웨어 개발은 외주업체에 맡기는 것이란 인식이 팽배하다"며 "연속성 없는 프로젝트에 시달리는 개발자들에게 높은 실력을 요구하는 것은 도둑 심보"라고 비판했다. 김진형 소프트웨어정책연구소장은 "개인 역량을 키우겠다는 학생들을 막을 순 없지만 구글이나 페이스북 같은 우량 소프트웨어 기업이 인재를 블랙홀처럼 빨아들이면 국내 소프트웨어 기업의 인력 부족 현상은 더욱 심각해질 것"이라고 우려했다.

이중고에 빠진
한국 소프트웨어 시장

서울 금천구 가산디지털단지에는 중소 벤처기업체가 밀집해 있다. 이곳에서 총 직원 15명이 모여 소셜네트워크서비스(SNS) 공유 앱을 개발 중인 S사는 기자를 만나자마자 어려움을 호소했다. 소프트웨어 개발자를 구하려고 취업 포털과 페이스북에 광고를 냈지만 두 달이 지나도록 지원자가 한 명도 없었다고 했다. 모바일뱅킹 플랫폼을 개발 중인 B은행은 내부 IT 인력을 활용하는 데 한계를 느껴 외부 업체에 부탁했다. 벤처기업이나 대기업 모두 소프트웨어를 개발할 인재가 드물다며 한숨을 짓고 있는 게 한국의 현실이다.

소프트웨어산업협회 인재육성팀 내부 자료에 따르면 매년 전국

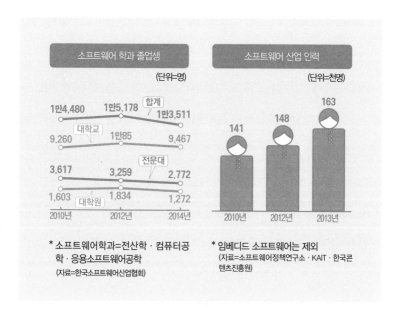

소프트웨어 학과 졸업생
(단위=명)

1만4,480   1만5,178   [합계]
                        1만3,511
[대학교]
9,260   1만85   9,467

[전문대]
3,617   3,259   2,772
1,603   [대학원]   1,272
         1,834
2010년   2012년   2014년

* 소프트웨어학과=전산학 · 컴퓨터공
  학 · 응용소프트웨어공학
  (자료=한국소프트웨어산업협회)

소프트웨어 산업 인력
(단위=천명)

163
148
141

2010년   2012년   2013년

* 임베디드 소프트웨어는 제외
  (자료=소프트웨어정책연구소 · KAIT · 한국콘
  텐츠진흥원)

대학에서 컴퓨터공학을 포함한 정보통신융합기술(ICT, 전기전자·컴퓨터통신)을 공부하는 학생은 매년 줄고 있다. 2007년 7만 명에 육박하던 졸업생들이 2010년 5만 5,000명으로 급감했다가 2011년 1,000명 정도 소폭 증가했지만 그뿐이었다. 다시 감소세를 이어가고 있다. 2014년 졸업생은 4만 9,765명으로 5만 명 밑으로 떨어졌다. 소프트웨어 학과 졸업생도 마찬가지다. 2007년 1만 8,548명이던 졸업생 수는 매년 1,000~1,500명씩 감소해 2014년에는 1만 3,511명으로 2007년보다 5,000여 명이나 줄었다. 박근혜 정부가 창조경제를 강조함에 따라 소프트웨어 전공자가 2012년 전년에 비해 300명가량 반짝 늘었을 뿐 그 이후 계속 감소세를 보이고 있다.

매일경제가 입수한 고용노동부 자료(2015년 5월 기준)에 따르면 소프트웨어 개발전문가는 4.1%, 웹 전문가는 5.2%, 컴퓨터 시스템 설계 전문가는 2.6%의 인력이 부족한 것으로 나타났다. 정보통신 산업연구원은 2017년까지 소프트웨어 인력 8만여 명이 부족할 것으로 내다봤다.

젊은 소프트웨어 개발자 부족 현상은 수치로도 증명됐다. 소프트웨어 분야 인적자원개발협의체(SC)는 2015년 3월, 2014년 대·중소 소프트웨어 기업 554개사를 대상으로 인력 수급 실태 조사를 실시한 결과 대다수 기업이 대졸자나 3년차 정도 실력을 지닌 인력 확보가 어려웠다고 토로했다. 한 중소 IT 업체 대표는 "고등학교나 전문대를 졸업해 간단한 프로그래밍을 하는 사람은 많지만 적정 수준의 소프트웨어 실력을 보유한 20대 초·중반 젊은이는 가뭄에 콩 나듯 한다"고 말했다. 인적자원개발협의체 조사 결과에 따르면 고급 기술이 필요한 컴퓨터 시스템 설계 전문가는 응답 업체의 절반가량이 해당 인력을 구하지 못해 어려움을 겪었다고 답했다.

그동안 산업계에서 꾸준히 제기돼온 '육성할 만한 인재가 부족하다'는 양적 우려에 더해 '쓸 만한 사람이 없다'는 질적 고민까지 줄을 잇는다. 실제로 우리나라 개발자의 코딩 능력은 세계 평균에 크게 미치지 못하는 수준인 것으로 나타났다. 신생기업을 지원하는 비영리 사단법인 앱센터가 2013년 소프트웨어 개발 경진대회 '슈퍼앱코리아' 참가자 175명을 대상으로 세계적으로 권위 있는 영국 온라인 코딩 테스트 '코딜리티(Codility)'를 실시한 결과 100점 만점에 평균 34.3점을 기록했다. 전 세계 평균 47.1점과 비교하면 이들의 점수는 하위권이다.

박상민 HP **소프트웨어 엔지니어**

"논문·프로젝트 치여 산 한국…미국 와선 원없이 소프트웨어 개발"
"역대 연봉 입사 흔한 일, 기술변화 빠른 업계답게 회사 옮겨가며 역량 키워"

"어떻게 소프트웨어를 잘 만들 수 있을까 이야기하는 논문은 써내면서 실제로는 소프트웨어를 만들 생각도, 능력도 없는 게 한국의 현실이었죠. 전공이 컴퓨터공학인데 가치 있는 소프트웨어 하나 개발하지 못한 건 모순이라고 생각했습니다." HP 본사 소프트웨어 엔지니어로 일하고 있는 박상민 씨(36세)는 미국행을 택하게 된 배경에 대해 이같이 말했다.

그가 국내 대학원에 다닐 당시 떠오르는 분야는 그리드 컴퓨팅이었다. 이와 관련한 소프트웨어를 만들어보려 했지만 한국 대학은 논문과 정부 발주 프로젝트에만 관심이 있어 꿈을 펼치기 힘들 것 같았다. 미국으로 건너간 그는 2010년 소프트웨어 스타트업인 유칼립투스 시스템스에 입사했고 원 없이 개발에 집중했다. 그러던 중 이 회사가 2014년 HP로 인수·합병되면서 이곳의 엔지니어가 됐다. 그에 따르면 미국과 한국 개발자들이 처한 현실은 천양지차다. 박 씨는 경제력, 근무 환경, 회사 선택의 자유를 두 나라 간 가장 다른 점으로 꼽았다.

그는 "미국 소프트웨어 엔지니어 직군의 평균 급여는 의사, 변호사를 제외하고 가장 높다"고 말한다. 대학을 갓 졸업한 컴퓨터공학 전공자(만 23세)가 억대 연봉으로 입사하는 것은 흔한 일이다. 박 씨는 "30대 부부가 소프트웨어 엔지니어로 일하는 사례가 주변에 종종 있는데 부부 연봉을 합치면 3억 원 정도 된다"며 "이민자로서 가장 빠르게 미국 중산층에 진입할 수 있는 직군이 소프트웨어 엔지니어"라고 설명했다.

그는 "미국에서 소프트웨어 엔지니어가 직장을 바꾸는 일은 비일비재하다"고 했다. 기술 변화가 매우 빠른 소프트웨어 업계에서는 한 기술만 붙잡고 있으면 쉽게 퇴보하기 때문에 직장을 옮겨가면서 개인 역량을 키운다는 것. 10년 이상 같은 회사에 있는 사람이 거의 없다는 게 그의 증언이다. 박 씨는 "한국의 소프트웨어 엔지니어가 안정적으로 높은 임금을 받는 회사는 삼성전자와 네이버 등 몇 개 대기업뿐"이라며 "미국에서는 3년에 한 번씩 회사를 옮기는데 한국에서 그렇게 하면 더 갈 곳이 없어 치킨집을 차려야 한다"고 말했다. 그는 "카카오톡이나 네이버 검색 서비스를 만든 회사들이 한국에 100개쯤 더 생겨야 소프트웨어 엔지니어들이 제 꿈을 펼칠 수 있게 될 것"이라고 덧붙였다.

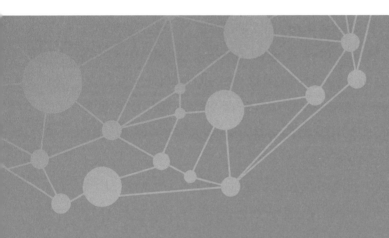

소프트웨어 강국으로 가자

PART 2

소프트웨어 발전
가로막는 5적(敵)

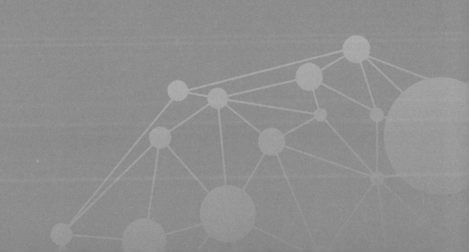

소프트웨어 발전 가로막는 5적(敵)

소프트웨어 산업 발전을
가로막는 5가지 장애물

국내 소프트웨어 산업 발전을 가로막는 가장 큰 장애물로 정부의 잘못된 정책과 행태가 꼽혔다. 소프트웨어는 복제해서 쓰면 된다는 잘못된 사회 인식과 관행도 뿌리 뽑아야 할 적(敵)으로 지목됐다. 전문가들은 정부의 소프트웨어 정책에 대한 평가로 낙제점인 평균 64점을 줬으며, 한국이 소프트웨어 강국으로 거듭나기 위한 골든타임은 3~5년밖에 남지 않았다는 응답이 가장 많았다.

매일경제신문은 국내 대학 컴퓨터공학과 교수들과 민간 경제연구소 수석연구원, IT 벤처기업 CEO 등 소프트웨어 전문가 21명을 대상으로 한국 소프트웨어 산업 발전을 가로막는 5적을 묻는 설문

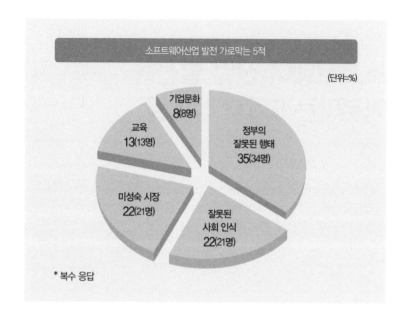

소프트웨어산업 발전 가로막는 5적

(단위=%)

기업문화
8(8명)

교육
13(13명)

정부의
잘못된 행태
35(34명)

미성숙 시장
22(21명)

잘못된
사회 인식
22(21명)

* 복수 응답

조사(중복응답 가능)를 실시했다. 미리 설문지를 보낸 후 기자가 전화를 걸어 보충 질문하는 방식으로 조사가 이뤄졌다.

　그 결과 정부의 잘못된 정책과 행태가 35%를 차지해 가장 큰 적으로 꼽혔다. 특히 정부의 최저가 낙찰 중심 발주, 토목공사에나 적합한 개발비 산정 기준 등이 소프트웨어 산업 발전을 가로막고 있다는 지적이 많았다. 소프트웨어는 복제해서 나눠 쓰면 된다는 잘못된 사회 인식과 미성숙한 시장으로 인해 소프트웨어 산업에서 성공모델이 사라진 것도 각각 22%씩으로 나타나 한국 소프트웨어 산업 발전을 가로막는 요인으로 꼽혔다. 20세기에 머물러 있는 낡은 소프트웨어 교육이 13%로 그 뒤를 이었다. 글로벌 시장에서는 소프트웨어 혁명 바람이 거세게 불고 있지만 여전히 하드웨어에만 집착하는 한국 기업문화(8%)도 문제점으로 지목됐다. 최문기 카이스트 교수(전 미래창조과학부 장관)는 "3D 프린터, 빅데이터 등 미래 유망 산업은 소프트웨어 역량 없이는 불가능하다"고 교육당국의 인식 변화를 촉구했다.

1적 - 주먹구구식 정부의 잘못된 정책

소프트웨어 전문가들은 정부의 잘못된 정책과 '갑질' 행태를 소프트웨어 산업 발전을 가로막는 최대 적으로 꼽았다. 구체적으로는 민간 소프트웨어 업체 사업영역 침해, 저가 수주 정책, 개선되지 않는 하도급 문화, 소프트웨어를 이해하지 못한 예산 편성과 집행을 들었다. 이번 조사에서 전문가들이 언급한 정부가 잘못한 사례는 무려 34가지에 달했다.

감사원은 2015년 경찰청 교통정보 수집용 단말기인 도시교통정보시스템(UTIS) 사업이 예산 3,000억 원을 낭비할 가능성이 있다고 철퇴를 내렸다. 경찰청이 2005년부터 2014년까지 2,559억 원을 들여 26개 도시에 구축한 UTIS 사업을 중단시킨 것이다. 티맵이나 김기사 등 민간에서 만든 교통정보앱이 널리 사용되고 있는 상

항목	부작용
	정부 소프트웨어 정책 실패로 나타난 부작용
경찰 교통정보시스템	민감 교통정보앱에 밀려 3,000억 원 예산 낭비
소프트웨어진흥법	대기업에 대해 공공기관 수주 막아 공공사업 질 저하
정보통신부 폐지	소프트웨어 관련 기능이 여러 부처로 분산돼 효율성 저하
게임엔진 개발사업	국산 게임엔진 개발 추진했으나 실패
온나라시스템	민간 전자결제서비스 시장 위축
K앱스 사업	구글과 애플이 차지한 민간 앱 시장 이해 못해 좌초

황에서 국민 혈세를 낭비한 다는 이유에서다. UTIS 누적 다운로드 건수는 2014년 기준으로 5만 8,000건으로 민간 차량 소통정보 서비스앱 다운로드(4,600만 건) 대비 0.1%에 불과하다. 감사원은 UTIS 사업에서 이미 1,500억 원의 손실이 발생했고 추가 투입될 1,600억 원 역시 낭비될 가능성이 높다고 지적했다.

택시 등에 보급된 차량용 단말기 7만 개는 티맵 등에 밀려 무용 지물 상태며 단말기 보급이 안 돼 '정보 수집량 부족→정보 정확성 저하→활용률 저조'라는 악순환에 빠졌다.

정부가 민간 시장에 개입해 소프트웨어 산업 발전을 저해한 사례는 무수히 많다. 2008년 행정자치부는 온나라시스템을 개발해 100개가 넘는 공공기관에 무료로 배포했다. 정부가 전자문서 관리

시장에 개입하자 민간소프트웨어 개발업체들은 줄줄이 어려움에 빠졌다.

정부는 2009년 청소년들이 컴퓨터를 이용해 성인 사이트 등에 접속하는 것을 차단하기 위한 소프트웨어인 그린아이넷 개발에 나선다고 발표했다. 방송통신위원회가 예산 90억 원을 들여 소프트웨어를 만든 뒤 무료로 배포하겠다는 계획이었다. 이미 10여 개 벤처기업이 관련 프로그램을 만들어 시장을 형성하고 있던 상태였으나 정부가 관련 프로그램을 무료로 배포하면서 시장 자체가 사라졌다. 정부 산하 연구소 연구원은 "소프트웨어 프로그램을 무료로 배포하겠다는 발상은 사회주의적 접근법"이라며 "이러한 정부 행태는 지금도 크게 달라지지 않았다"고 꼬집었다.

정부가 소프트웨어 사업 발주 시 전부 하도급이 가능하고 하도급 단계에 제한이 없는 점도 문제로 지적됐다. 2~3단계 하도급을 거친 최종 사업자는 저가임에도 불구하고 울며 겨자먹기식으로 일을 맡을 수밖에 없다. 이 문제가 계속해서 제기되자 정부는 미래창조과학부를 중심으로 2016년부터 하도급을 제한하는 소프트웨어산업진흥법 개정안을 시행하기로 했다. 자체 인력이 아닌 외주 인력을 활용한 사업 수주가 사실상 금지된다. 하지만 현재 국내 소프트웨어 중소·중견기업의 경우 소프트웨어 개발 인력이 현저히 부족한 상황이다. 인력이 없다보니 외주를 맡길 수밖에 없는 상황에서

이 정책이 실효성을 거둘 수 있을지 의문이다. 업계에서는 "프로젝트를 따기 위해서 급하게 프리랜서를 고용해야 할 판"이라는 푸념도 나온다.

문제는 또 있다. 정부가 발주한 소프트웨어 사업은 당해 연도 사업 종결을 원칙으로 하고 있다. 춘궁기를 지나 4~5월에 발주되는 사업도 무조건 해당 연도에 끝마쳐야만 한다. 이런 식으로 예산을 편성하고 집행하다 보면 결국 재하도급을 막는다 하더라도 여러 곳에서 문제가 터질 것이 뻔하다. 2016년부터 하도급 금지 법안이 시행된다 하더라도 소프트웨어 개발자가 겪고 있는 '4D' 삶이 해결되기 어렵다는 것이다.

소프트웨어 개발자를 토목공사식 맨파워로 바라보는 발주 행태도 변하지 않았다. 재료와 자재가 확실히 기록에 남고, 몇 명이 투입돼 각자 맡은 일을 하는 식의 토목공사식 발주 형태를 소프트웨어 개발에도 그대로 적용하다 보니 창의적인 아이디어가 필요한 일임에도 단순히 시간과 고용인원 등으로 발주 여부를 결정하게 된다.

김동호 아이디인큐 대표이사는 "건설업에 적용되는 것처럼 연차를 초·중·고급으로 나눠 시간에 따라 일당을 지급하는 것은 소프트웨어 고유한 특성인 파괴적 혁신을 만들어 낼 수 없게 만든다"고 지적했다.

최저가 낙찰 중심인 정부 발주 사업은 투입 인원과 기간, 가격 경쟁력을 중심으로 판단하기 때문에 필연적으로 프로젝트 질이 낮아질 수밖에 없다. 중앙정부 등 공공기관은 연평균 3조 원 넘는 예산을 투입해 정보통신기술 서비스를 구축하고 있는데, 이처럼 공공기관이 소프트웨어 개발 서비스에 나서면서 '무료 소프트웨어 배포→개발업체 도산→시장 위축'으로 이어지는 사례도 있다. 김진형 소프트웨어정책연구소장은 "정부와 공공기관이 민간 영역에 들어와 그들과 경쟁하겠다는 것은 시장을 망치는 일"이라며 "이는 시장 생태계만 왜곡한다"고 말했다.

대기업 계열 IT 서비스 업체에 대해 공공사업 참여 기회를 박탈하는 소프트웨어산업진흥법이 2013년부터 시행되면서 대기업에서 공공사업을 담당하던 직원 중에는 일자리를 잃고 중소기업으로 이직하는 사람도 나왔다. 원래 정책 취지는 대기업에 대해 시장 진입을 억제해 중견 하도급 업체에 사업 기회가 확대되도록 하자는 것이었는데 예상치 못한 부작용이 생긴 것이다.

2적 – 소프트웨어에 대한 잘못된 사회인식

A씨는 2014년 가을 서울 성수동에서 직원 10명으로 벤처업체를 시작했다. 그는 직원들 컴퓨터를 한 대씩 구입한 뒤 문서 작업에

필요한 여러 프로그램을 사야 하는지 고민에 빠졌다. 기본적인 프로그램만 구입해도 필요한 금액은 200만 원이 넘었다. 결국 A씨는 인터넷을 뒤져 불법 복제한 소프트웨어를 구한 뒤 컴퓨터에 설치했다. 그는 "어차피 작은 기업이다 보니 크게 문제 될 것이 없다고 생각했다"며 "정품을 사야 하는 건 알지만 우리나라에서 소프트웨어를 제 돈 주고 구하면 바보 소리 듣는다"고 말했다.

서울 소재 사립대 화학공학과 실험시간이다. 실험 수업을 신청한 학생들은 '매트랩'이라는 프로그램을 활용해 실험으로 얻은 데이터를 그래프로 만들어 제출해야 한다. 하지만 연구실에 있는 컴퓨터 10대에 정품은 단 5개밖에 설치되어 있지 않다. 또한 학생들이 수업 시간에 배운 것을 복습하거나 공부하려면 매트랩이 설치된 컴퓨터가 있어야 하는데 연구실 컴퓨터로는 턱없이 부족하다. 학생들 불만이 이어지자 학교는 "인터넷에 돌아다니는 불법 소프트웨어를 사용하면 되지 않으냐"며 오히려 학생들을 나무랐다.

세계소프트웨어연합에 따르면 2013년 우리나라 소프트웨어 불법 복제율은 38%로 미국 18%, 일본 19%, 영국 24% 등 선진국에 비해 불법 복제가 만연한 상태다. 과거보다 많이 나아졌지만 여전히 제 돈 주고 소프트웨어를 구입한 사람은 바보 소리를 듣기 쉽다. 소프트웨어를 공짜로 쓰는 사람이 많을수록 개발자들에 대한 처우는 점점 열악해질 수밖에 없다.

3적 - 협소하고 미성숙한 시장

3년 전 스마트폰 애플리케이션을 개발한 뒤 벤처기업을 만들어 국내에 시장을 개척한 B씨(30세)는 미국 시장 진출을 준비하고 있다. 인터넷 서비스업 관련 애플리케이션을 개발하자마자 오프라인 시장을 대부분 점유하고 있던 대기업들이 너 나 할 것 없이 관련 시장에 뛰어들었기 때문이다. 심지어 플랫폼까지 베낀 벤처기업도 홈페이지까지 만들어 서비스를 시작했다. 작은 벤처기업이 변호사를 선임한 뒤 특허를 침해한 기업에 일일이 연락하는 것도 버거웠다.

B씨는 "시장을 열자마자 대기업들이 치고 들어오는 상황에서 살아남기란 정말 어려운 일이었다"며 "우리나라 소프트웨어 시장은 협소하지만 이와 같이 소프트웨어에 대한 왜곡된 시장이 성공을 가로막고 있다"고 말했다.

우리나라 소프트웨어 시장은 선진국에 비해 시장 규모가 협소한 것은 물론이고 유망한 소프트웨어가 나오면 대기업들이 제값을 주고 인수를 하는 대신 베끼기에 급급한 미성숙한 시장에서 벗어나지 못하고 있다. 이 때문에 벤처 소프트웨어 기업들이 성공하는 모델이 한국에서는 나오기 어렵다고 전문가들은 지적한다. 우리나라 소프트웨어 시장 규모가 선진국에 비해 왜소한 데다 시장마저 미성숙해서 성공 기회가 줄어든다는 설명이다. 우리나라 소프트웨어 시장 규모는 2014년 104억 4,000만 달러로 전 세계 소프트웨어 시장 대비 1%에 불과하고 그 순위도 17위에 불과하다. 글로벌 100대 소프트웨어 기업 중 한국 기업은 한 곳도 포함돼 있지 않다.

4적 – 20세기에 머문 낡은 교육

서울 강남에서 컴퓨터학원을 운영하는 C씨는 최근 컴퓨터공학과를 졸업한 대학생들의 코딩 실력을 보고 깜짝 놀랐다. 취업이 되지 않는다는 말을 들어 코딩 실력이 어느 정도인지 살펴봤는데 스마트폰 애플리케이션을 만들어 보라고 하니 어떻게 접근을 해야 하는지조차 몰라 헤매고 있었다. 그는 "현재 한국의 소프트웨어 관련 학과 교육은 현대 사회에서 필요로 하는 능력을 만족시켜주지 못하고 있다"며 "4년 동안 소프트웨어를 공부한 학생보다 소프트웨어에 관심을 갖고 1~2년 스스로 공부한 학생들의 실력이 훨씬 뛰어나다"고 말했다.

홍원기 포스텍 교수는 "한국 학생들이 컴퓨터공학과를 졸업해도 프로그램을 제대로 짤 수 있는 학생이 많지 않은데다 취업을 해도 기업이 재교육을 실시해야 업무를 할 수 있다"며 "부실한 대학 교육으로 인한 사내 재교육이란 비효율이 발생한다"고 꼬집었다. 컴퓨터공학과와 전산학과 졸업자에 대한 기업의 신뢰가 낮은 이유는 또 있다. 정권에 따라 국내 대학들의 과목명이 수시로 바

뀐다는 점이다.

　소프트웨어 교육 선진국이라 불리는 미국은 공대에 있다하더라도 세부 학과를 통해 학생들의 특화분야를 바로 알 수 있게끔 해놓았다. 현지 업계는 컴퓨터사이언스(Computer Science) 전공생은 프로그래머, 전자공학 전공생은 반도체 등 부품·설계를 집중적으로 배우고 있다고 인식한다. 기업에 낼 이력서를 쓸 때도 자신이 학교에서 무엇을 배웠는지 따로 설명할 필요가 없고 바로 인터뷰를 통해 실력을 보여주면 채용이 된다. 하지만 한국의 경우 소프트웨어 관련 학과가 복잡하고 미묘한 이름을 갖고 있다. 창조경제라는 정부 기조 아래 소위 트렌디하다는 단어(멀티, 융합 등)를 조합해 탄생한 학과들이다. 이러한 학과 졸업생들은 4년간 자신이 무엇을 배웠는지를 일일이 검증해야 한다.

　교육부의 안일한 태도도 질타를 받았다. 한국이 소프트웨어 강국으로 가기 위한 가장 큰 역할을 담당해줘야 하지만 그렇지 않다는 것이다. 김현철 고려대 컴퓨터공학과 교수는 "미래창조과학부가 소프트웨어 교육과 관련한 큰 그림을 그리면 교육부가 이와 관련한 커리큘럼을 짜 실행해줘야 한다"고 말했다. 학계에 따르면 박근혜 정부 출범 후에도 교육부에서 소프트웨어 정책을 전담하는 사람이 없었다. 2014년 겨우 과장급 담당자가 한 명 임용됐지만 직급이 낮아 의사결정권을 행사할 수도 없다.

김현철 교수는 대학뿐 아니라 향후 초·중·고교에서 진행될 소프트웨어 과정에 대한 문제점도 내다봤다. 그는 "2017년부터 초·중·고교에서 소프트웨어를 정규과목으로 가르친다고 하지만 교육부의 교원 양성 의지는 매우 낮은 편"이라며 "기술산업, 교련 등 제조업 시대의 교과목 교원에게 소프트웨어 교육을 일임시키려는 교과 이기주의가 소프트웨어 발전을 가로 막는다"고 꼬집었다.

5적 – 하드웨어 중심의 기업문화

중소 소프트웨어 기업에 근무하는 B씨(26세)는 대기업으로부터 소프트웨어 제작 발주를 받았다. 웹사이트를 석 달 동안 개발해 내라는 조건이었다. B씨와 팀원들은 구슬땀을 흘려가며 완성도 높은 웹사이트를 만들고자 했다. 하지만 발주 기업은 "완성도보다 일정을 지키라"며 이들을 채근했다. B씨 회사는 결국 하다 만 것과 같은 결과물을 제출해야만 했다. B씨는 "개발자들에게 일정부터 할당해주는 것은 말이 안 된다"며 "애당초 제조업 잣대로 소프트웨어 제품을 생각하기 때문에 이런 일이 일어나는 것"이라고 말했다.

제조업을 중심으로 성장한 한국 사회가 소프트웨어 중심으로 급속히 바뀌고 있는 산업구조 패러다임에 적응하지 못하고 있다는 지적이 제기되고 있다. 제조업의 소프트웨어 활용도를 높여서 새로운 부가가치를 창출하는 시대로 변했는데도 여전히 전통적인 하드웨어 중심 제조업에만 머물러 있다는 얘기다.

글로벌 기업으로 우뚝 선 삼성전자와 LG전자도 이 같은 지적에서 피해갈 수 없다. 삼성과 LG는 사물인터넷(IoT)과 소프트웨어 생태계로 대표되는 IT 산업 트렌드를 읽고 있지만, 제조업 마인드로 일처리를 하다 보니 정작 돈이 되는 콘텐츠 등 고부가가치 부문에선 구글이나 애플 같은 소프트웨어 중심 기업에 밀리는 게 현실이다. 한국 회사들은 소프트웨어가 중요하다고 외치고 있지만 창업세대가 떠난 후 관료주의와 하드웨어 중심 사고에서 벗어나지 못하고 있다.

전자업계 관계자는 "삼성전자와 LG전자, 현대차 등 한국기업들은 소프트웨어를 강조하고 있지만, 소프트웨어를 이해하는 최고경영자(CEO)는 전무하다"며 "실무 단계에서 소프트웨어 기획안을 만들어도 조직 내 저항이나 임원들의 무지로 인해 사장에게 보고도 안되는 게 현실이다"고 지적했다.

반면 미국 GE는 엔진 제조업체에서 소프트웨어를 결합해 이제는 유지보수 업체로 거듭났으며 구글이 만든 무인자동차 역시 소프트웨어가 핵심이다. 애플도 아이폰이라는 하드웨어를 만들지만 정작 회사에 부가가치를 안겨주는 건 소프트웨어에 기반한 콘텐츠다.

세계 최대 IT 기업 중 하나인 마이크로소프트가 기존 윈도 운영

체제(OS) 사용자를 대상으로 새 운영체제 '윈도10' 무료 업그레이드라는 파격적인 지원정책을 펼쳐나가는 것도 같은 맥락이다. 윈도 사용자를 보다 더 많이 확보해 윈도 기반 각종 프로그램과 콘텐츠로 수익원을 창출하겠다는 속셈이다. 가상현실(VR) 기기 '오큘러스 리프트' 역시 어떤 콘텐츠를 제공할 수 있는지가 제품의 성패를 가늠할 핵심 키워드로 지목받고 있다. 조현정 비트컴퓨디 회장은 "정수기의 예를 들면 이미 하드웨어는 공짜가 됐다"며 "TV나 냉장고, 컴퓨터 등도 하드웨어의 가치보다는 소프트웨어 능력에 따라 값이 매겨지는 시대가 올 것"이라고 전망했다.

소프트웨어 강국으로
가기 위한 해결 과제

　한국의 소프트웨어 시장은 현재 인재 공동화가 진행 중이다. 부족한 우수 인력은 해외로 빠져나가고 있으며 국내 소프트웨어 기업은 대기업, 중소기업을 막론하고 인력이 없다고 아우성이다. 인력이 없으니 시장은 위축되고 성공 모델은 나오지 않는다. 국내 소프트웨어 전문가들은 한국이 소프트웨어 강국으로 가기 위해서 무엇보다 교육 제도를 바꿔야 한다고 지적했다.

　21명의 전문가들 중 17명은 한국의 소프트웨어 교육이 왜곡됐다는데 뜻을 같이 했다. 특히 초·중·고 정규과목에 소프트웨어를 포함시켜 학생들이 어렸을 때부터 소프트웨어의 중요성을 인식해야

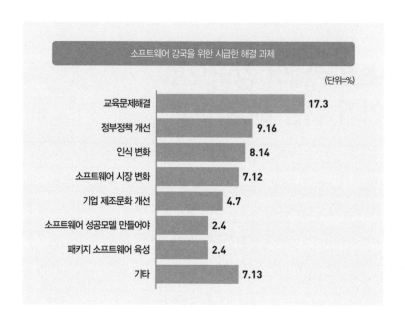

소프트웨어 강국을 위한 시급한 해결 과제

(단위=%)

교육문제해결	17.3
정부정책 개선	9.16
인식 변화	8.14
소프트웨어 시장 변화	7.12
기업 제조문화 개선	4.7
소프트웨어 성공모델 만들어야	2.4
패키지 소프트웨어 육성	2.4
기타	7.13

한다고 강조했다. 이동희 국민대 교수는 "단순 코딩 교육만으로는 소프트웨어 강국이 될 수 없다"며 "사고의 틀을 갖추기 위해 초·중·고에서 소프트웨어적 사고를 배양하는 교육 프로그램을 개발해 적용해야 한다"고 말했다. 코딩 과목을 대학수학능력시험에 포함시켜야 하나라는 문제를 두고는 의견이 많이 엇갈렸지만 안 하는 것보다 하는 것이 낫다는 응답이 많았다.

소프트웨어를 가로막는 1적으로 꼽힌 정부의 정책도 하루빨리 개선되어야 한다는 의견도 9명이나 나왔다. 소프트웨어 제값주기 문화와 정부 발주자의 전문성을 주문했고 소프트웨어 지식이 있는 사람이 관련 예산을 담당해야 한다는 목소리도 나왔다. 익명을 요구한 민간경제연구소 수석연구원은 "발주자나 정책입안자들도 소프트웨어 산업에 대한 이해와 소프트웨어 개발 경험이 있는 사람들이 하는 것이 필요하다"고 지적했다.

전문가들은 소프트웨어에 대한 사회적 편견도 하루빨리 바뀌어야 한다고 입을 모았다. 한 민간경제연구소의 수석연구원은 "소프트웨어 개발자에 대한 처우 변화를 통해 조금씩 개발자에 대한 인식을 변화시켜 나가야 한다"며 "또한 무형 재산이라 할 수 있는 소프트웨어를 인정해주는 분위기가 조성되어야 한다"고 말했다.

대기업과 중견기업이 소프트웨어 스타트업에 대한 인수합병이 활발히 진행돼야 한다는 의견도 많았다. 스페이스X의 창업자인 앨런 머스크는 대학 시절 '페이팔'을 창업하고 야후에 인수한 뒤 번 돈을 재투자하면서 애플의 스티브 잡스를 뒤이을 CEO로 떠오르고 있다. 우리나라에서는 대기업이 벤처기업을 인수하는 대신, 관련 시장에 함께 진출해 벤처의 아이디어를 사장 시키는 경우가 많다. 척박한 환경에서 시장이 성장할리 없고 좋은 아이디어가 있다고 하더라도 용기 있게 창업을 시도하는 인재가 적은 이유다. 고평석 스마트에듀 대표이사는 "다양한 소프트웨어 분야에서의 성공 모델을 제시하고 실패를 중요한 자산으로 평가하는 분위기가 퍼져야 한다"고 말했다.

이밖에 응답자들은 학생들이 공대에 지원했을 시 파격적인 제안을 하거나 소프트웨어 개발자에 대한 병역특례 확대, 오픈소스 육성, 세계적 소프트웨어 기업의 한국 유치 등을 통해 사회 발전에 소프트웨어가 큰 힘을 발휘할 수 있는 원동력을 제공해야 한다는 의견도 제시했다.

[현황분석] 국내 소프트웨어 산업 들여다보니 ───────

국내 소프트웨어 기업 전체 매출 규모는 꾸준히 상승하고 있지만 글로벌 경쟁력 지수는 여전히 낮은 것으로 나타났다. 특히 부가가치가 높은 패키지 소프트웨어는 경쟁력이 하락하고 있으며 기술 인력 대부분이 게임 분야에 편중돼 있는 것으로 나타났다.

소프트웨어정책연구소가 2015년 발간한 '2014년 소프트웨어 산업 실태조사 분석 연구'에 따르면 국내 소프트웨어 기업 전체 매출 규모는 2014년 약 56조 원을 기록했다. 이 중 IT 서비스 산업이 23조 8,500억 원으로 42.5%를 차지했으며 포털 데이터베이스 서비스 산업 12조 7,500억 원, 임베디드 소프트웨어 공급기업 10조 2,900억 원, 게임 소프트웨어 산업 4조 6,700억 원으로 그 뒤를 이었다. 패키지 소프트웨어 기업 매출은 3조 900억 원에 불과했다. 성장률에서 데이터베이스와 게임 소프트웨어는 10% 이상 고성장세를 구가하는 반면 패키지 소프트웨어 성장률은 둔화세를 기록했다. 전년 대비

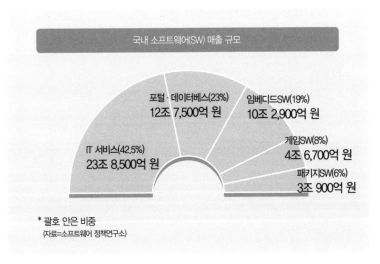

국내 소프트웨어(SW) 매출 규모

포털·데이터베스(23%)
12조 7,500억 원

임베디드SW(19%)
10조 2,900억 원

IT 서비스(42.5%)
23조 8,500억 원

게임SW(8%)
4조 6,700억 원

패키지SW(6%)
3조 900억 원

* 괄호 안은 비중
(자료=소프트웨어 정책연구소)

성장률에서 패키지 소프트웨어는 0.7% 감소했다. 국내 소프트웨어 기업 수출 규모는 약 5조 3,200억 원으로 IT 서비스 산업이 38%를 차지했고, 게임 소프트웨어가 36.2%로 높은 비중을 보였다. 업계 종사인력은 총 12만 8,290명으로 성비는 남성과 여성이 3대 1 비율 이었다.

게임 소프트웨어는 전체 매출규모에서 차지하는 비중이 낮았지만 수출은 가장 활발하게 일어나고 있었다. 2015년 기준 지난 4년간 IT 서비스 산업(29.1%)과 포털 데이터베이스(21.3%), 임베디드 소프트웨어(20.4%) 산업이 매우 높게 나타난 반면 패키지 소프트웨어(4.6%) 수출증가율은 저조한 것으로 확인됐다. 소프트웨어 분야에서 종합 경쟁력이 가장 높은 것은 게임 소프트웨어다. 글로벌 역량과 인적자원 경쟁력에서 게임 소프트웨어가 가장 높게 나타난 반면 패키지 소프트웨어는 기술 역량이 매우 낮게 나타났다. 게임 소프트웨어는 국내 기업 경쟁력에서 31.9점을 기록해 패키지 소프트웨어(25.9점), IT 서비스(24.0점) 등에 비해 높았다.

지은희 소프트웨어정책연구소 선임연구원은 "한국에서 만든 게임 소프트웨어는 글로벌 경쟁력이 매우 높아 상대적으로 많은 수출이 이뤄지고 있다"고 설명했다.

※ 임베디드 소프트웨어 : 간단하게 조작할 수 있는 내장형 프로그램을 말한다. PC · 스마트폰 등 각종 정보 기기와 자동차 · 항공기 등의 기계에 탑재되어 기본 작동을 수행하는 내장형 프로그램을 말한다.

낙제 수준인
한국 소프트웨어 수준

국내 21명의 소프트웨어 전문가들은 박근혜 정부의 소프트웨어 정책에 대한 점수를 묻는 질문에 100점 만점에 평균 64점을 줬다. 한 마디로 낙제에 가까운 점수를 준 셈이다. 또한 중국의 빠른 발전과 인도 등 개도국의 추격으로 한국이 소프트웨어 강국으로 가기 위해 남은 골든타임은 3~5년밖에 남지 않았다는 의견이 많았다. 이미 골든타임이 지났다는 응답도 5명이나 됐다.

응답자들 상당수는 정부 소프트웨어 정책에 60~70점의 낮은 점수를 매겼다. 50점이라고 답한 응답자도 4명이나 됐다. 민간경제연구소의 한 수석연구원은 "정부의 소프트웨어 정책은 천편일률적

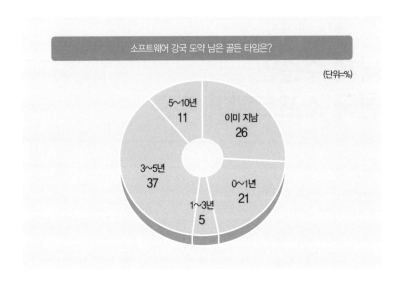

소프트웨어 강국 도약 남은 골든 타임은?

(단위=%)

5~10년 11

이미 지남 26

3~5년 37

1~3년 5

0~1년 21

인 과거 정책을 답습하고 있다"며 50점을 줬다. 고평석 스마튜에듀 대표이사는 "정부의 정책은 업계 사람들이 끄덕일만한 가시적인 계획이 보이지 않는다"며 "김대중 정부는 창업 붐, 이명박 정부는 국책사업에서 중소 소프트웨어 기업에 대한 배려가 있었다"고 지적했다. 그는 "어린 학생들에게 소프트웨어 교육의 중요성을 보여주고 있지도 않다"며 "점수를 매기는 것조차 애매한 상황"이라고 비판했다. 익명을 요구한 정부 관계자는 "현 정부는 소프트웨어에 대한 리더십이 부재한 상황"이라며 "총리실도 함께 바뀌어야 한다"고 강하게 지적했다. 하지만 미래창조과학부를 중심으로 소프트웨어가 중요하다고 인식했다는 점에서 희망을 찾는 응답자도 있었다. 김현철 고려대 컴퓨터공학과 교수는 "미래부에게는 좋은 점수를 주고 싶지만 나머지 정부 기관에는 10점을 주고 싶다"며 "적절한 소프트웨어 개발 대가에 대한 관심을 갖고 있고 입찰과정의 문제점 등의 현실화를 거론한 것은 평가할 만한 일"이라며 "하지만 현장에서는 여전히 소프트웨어 기업의 갑을관계가 이어지고 있다"고 말했다. 배두환 카이스트 전산학과 교수도 "이번 정부는 의지가 있어 보인다"며 "이전 정부는 30점을 매기고 싶지만 박근혜 정부는 그보다 좋은 점수를 주고 싶다"고 했다.

김동호 아이디인큐 대표는 "골든타임은 이미 지났다"고 했다. 그는 "한국과 중국의 기술격차라고 해봐야 약 3개월 정도로 인식하는 것이 업계의 인식"이라며 "모든 부분에서 앞서가는 것은 불가능하지만 몇 가지 영역을 선택하고 집중함으로써 국지적 경쟁력을 확보하는 것이 현실적인 대안이 될 것"이라고 덧붙였다. 김현걸 소리바다 부사장도 "중국과 한국의 수준차는 거의 없다"며 "일부 분야에서는 이미 중국이 한국을 뛰어 넘었다"고 말했다.

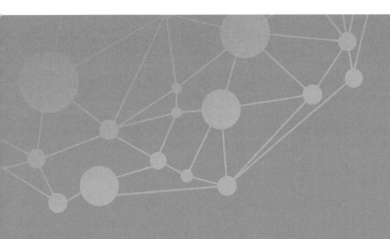

소프트웨어 강국으로 가자

PART 3

제조업 발목 잡는
한국의 소프트웨어

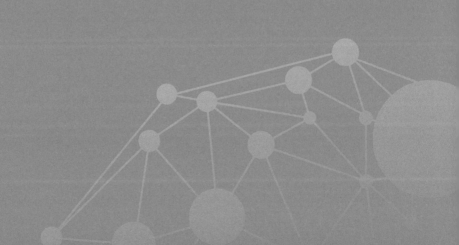

PART 3

제조업 발목 잡는 한국의 소프트웨어

비상등 켜진
한국 제조업

국내 조선업체들은 2014년 46억 달러의 해양플랜트를 수주했다. 해양플랜트를 만들기 위해서는 전체 개념도에 해당하는 기본설계와 실제 생산 작업을 할 때 필요한 생산설계가 필수적이다. 하지만 한국 조선업체들은 기본설계를 영국, 독일, 네덜란드, 미국 등 선진국 업체가 만든 소프트웨어에 전적으로 의존한다. 한국 기업은 이 기본설계에 따라 철강재인 후판을 용접하고 각종 시추장비를 장착하는 생산설계만을 맡고 있는 것이다. 조선업계 관계자는 "한국이 조선 1위라는 말은 단순히 외관을 만드는 1등을 의미하는 것"이라며 "첨단 선박의 기본설계에 대해선 90% 이상을 해외에 의존하고

한국이 조선 강국으로 불리지만 해양플랜트 등 고부가가치 선박에서 소프트웨어를 활용한 기본 설계는 대부분 선진국에 의존하고 있다. 경남 거제도에 위치한 대우조선해양조선소에서 직원들이 선박 용접작업을 하고 있다.

있는 만큼 소프트웨어 기술력을 끌어올리는 것이 숙제"라고 말했다.

글로벌자동차 5위 현대차는 2012년 차량용 반도체 및 소프트웨어 전문회사인 오트론을 설립하고 관련 기술 개발에 박차를 가하고 있다. 그러나 차량 전장용 반도체는 독일 인피니온, 미국 프리스케일, 일본 르네사스에 거의 100% 의존한다. 자동차업계 관계자는 "미래 자동차로 각광받는 무인차의 핵심이 소프트웨어인데 한국의 자동차 메이커들의 평균 소프트웨어 국산화율은 5%에 불과하다"고 전했다. 제조업 강국인 한국의 부끄러운 민낯이 밑바닥 수준의 소프트웨어에서 발견된다.

2014년 산업통상자원부가 발표한 자료(2011년 기준)에 따르면 우리나라 제조업 경쟁력은 세계 5위지만 제조업의 고부가가치를 좌우하는 임베디드 소프트웨어의 경우 평균 90% 이상 해외에 의존한다. 국방부문의 임베디드 소프트웨어의 국산화율이 1%로 가장 낮고 휴대폰이 15%로 상대적으로 높다.

2013년 방위사업청 자료에 따르면 1960년대 전투기 F-4의 소프트웨어 비율은 8%에 불과했다. 1964년 A-7의 소프트웨어비율은 10%로 미미하게 높아졌지만 1970년대 20%, 1980년대는 45%까지 올라갔다. 2000년 F-22는 80%, F-35의 경우 소프트웨어가 차지하는 비율은 90%나 된다.

중공업 등 제조 공정에 필요한 설계 3D 시뮬레이션 프로그램은 100% 수입에 의존하고 있다. 껍질은 잘 만들고 있지만 정작 이를 작동시키는 뇌에 해당하는 핵심 장비는 수입해서 사용한다는 말이다.

군건하리라고 믿었던 한국의 제조업 경쟁력은 소프트웨어와의 융합이 뒤처지면서 2015년 현재 기준 하락하는 추세다. 세계적 컨설팅기업 딜로이트와 미국 경쟁력위원회가 공동 조사한 '글로벌 제조업 경쟁력 지수'에 따르면, 한국은 2010년 3위에서 2013년 5위로 하락했으며 2018년엔 6위로 한 단계 더 하락할 전망이다. 한국제조업의 세계 수출시장 점유율은 2000년 3.3%에서 2012년 4.0%로

추락하는 한국 제조업 글로벌 경쟁력

4위
5위
6위
2010년
2013년
2018년

* 전 세계 550명의 제조업 CEO나 임원을 상대로 설문 조사한 결과.
  (자료=딜로이트·미국 경쟁력위원회)

0.7%포인트 상승하였으나 최근 4년간 4%대 전후에서 정체되고 있는 모양새다.

이에 따라 전문가들은 제조업과 소프트웨어 융합이 절실하다고 주장하고 있다. 김도원 보스턴컨설팅그룹 서울오피스 대표는 최근 보고서에서 "국내 제조업이 위기를 벗어나려면 제조업과 정보통신기술(ICT)을 융합해 작업 경쟁력을 높여야 할 것"이라고 지적했다.

정부도 뒤늦게 소프트웨어와 제조업을 연계해야 한다고 주장하고 나섰다. 정부는 최근 국내 공장 1만 개를 2020년까지 소프트웨어와 결합한 스마트 공장으로 전환하고, 이 같은 제조업 혁신을 통해 2017년까지 150억 달러의 새로운 수출이 가능할 것으로 보고 있다. 이런 와중에 해외 전통 제조업체들은 발 빠르게 하드웨어에 소프트웨어를 결합해 부가가치를 높이고 있다. 무형의 소프트웨어가 제품의 가치를 결정하는 시대가 도래한 것을 간파하고 이를 위한 행동을 개시한 것이다.

산업통상자원부에 따르면 이미 제품 개발 원가 중 소프트웨어 비중이 차지하는 비율은 가전제품이 53.7%, 통신장비가 52.7%, 자동차가 52.3%, 의료장비가 45.5%에 달한다. 시장조사업체 VDC의 조사도 이를 뒷받침한다. 2008년 기준 자동차 개발비의 절반인 52.4%가 차량 전자제어 등 소프트웨어 관련 비용, 가전제품 개발 원가의 53.7%, 산업자동화 분야의 51.5%, 통신 산업의 52.7%도 소프트웨어 비용으로 나타났다. 이미 산업계 평균은 51.2%로 소프트웨어가 하드웨어를 앞섰다. 전통적인 제조업에 소프트웨어가 융합된 새로운 경제 패러다임이 열리고 있는 것이다.

대표적인 분야가 자동차다. 루퍼트 슈타틀러 아우디 회장은 2015년 5월 말 중국 상하이에서 열린 소비자가전전시회(CES) 아시아 기조연설에서 "자동차가 더 이상 하드웨어가 아니다"라고 선언하고 전사적인 소프트웨어 역량 강화를 추진하고 있다고 밝혔다.

BMW, 메르세데스-벤츠, 포드, 도요타, 테슬라, GM 등 내로라하는 완성차 업체들은 최근 정보기술(IT) 메카 미국 실리콘밸리에

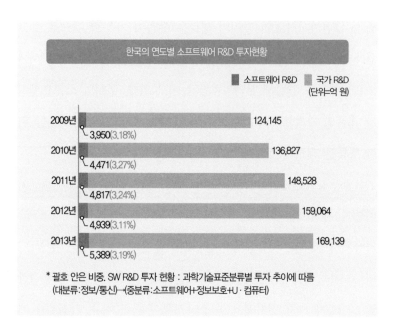

앞 다퉈 연구개발(R&D)센터를 설립하고 있다. 현지 인재를 대거 채용해 첨단차량용 소프트웨어 기술 개발을 하기 위해서다.

BMW 실리콘밸리 기술연구소의 우베 하겐 대표는 BMW가 1998년 자동차 업계 최초로 실리콘밸리에 기술연구소를 설립한 이유는 소프트웨어가 자율주행, 안전장치, 엔터테인먼트 등 미래 자동차의 핵심 기능을 결정짓기 때문이라며 BMW의 첫 전기차 i3와 i8이 탄생된 곳이 바로 이곳이라고 밝혔다. 아예 제조업에서 소프트웨어 기업으로 변신한 기업도 속속 등장한다. 1836년 창업한 프랑스 슈나이더일렉트릭은 1990년대 후반 중전 사업에서 과감하게 손을 떼고 에너지 솔루션 소프트웨어 기업으로 변신했다. 굴뚝 산업 특성상 갈수록 수익성은 낮아지는데 환경 규제까지 겹치자 생존을 위한 변신의 결정을 내린 것이다. 이후 슈나이더일렉트릭의 매출 규모는 2000년 97억 유로에서 2014년 249억 유로로 늘어나며 성공적으로 안착했다.

독일의 GE는 비행기 엔진 제조업체에서 나아가 유지보수 관리업체로 거듭났다. 똑같이 엔진을 만들어 팔고 있지만 지금은 유지보수를 통해 수익을 추가로 얻는다. 엔진에 센서를 부착해 문제가 발생하는 곳을 GE가 미리 알아내고 이를 통해 고장 여부 등을 엔진 구입 업체에서 알려주는 것이다.

윤종록 정보통신산업진흥원(NIPA) 원장

윤종록 정보통신산업진흥원 원장은 "우리나라 현대중공업도 '힘센 엔진'을 만들어 파는 것에서 벗어나 소프트웨어를 결합해 유지보수까지 책임져야 한다"며 "제품이 서비스가 되는 것, 그것이 바로 소프트웨어의 힘"이라고 강조했다. 윤 원장은 미래창조과학부 차관 시절 '소프트웨어 중심사회'라는 용어를 만들고 소프트웨어의 중요성에 대해 알리기 위해 노력해왔다. 그는 "소프트웨어는 기존 제조업에 더해져 새로운 부가가치를 창출해 낼 수 있는 도구"라며 "기업이 소프트웨어에 조금 더 많은 관심을 가져야 한다"고 말했다.

윤 원장은 현재 소프트웨어개발자에 대한 낮은 처우를 해결하기 위해서는 기업의 최고경영자(CEO)가 제조업 마인드를 버리고 소프트웨어를 이해해야 한다고 지적했다. 그는 "정부가 소프트웨어 개발자에게 처우를 개선하라고 강요할 수 없다"며 "기업에서 개발자를 바라보는 시각을 바꿔야 한다"고 했다. 기업의 패러다임 변화에는 경영자의 의지가 가장 중요한 요소라고 덧붙였다. 윤 원장은 "CEO가 제조업 마인드에 갇혀 있는 것이 가장 큰 문제"라며 "CEO가 소프트웨어 개발자의 처우를 개선하고 인정해준다면 소프트웨어 생태계가 좋아질 수 있다"고 말했다. 이를 위해 윤 원장은 2015년 하반기부터 기업의 CEO를 대상으로 하는 경영자 과정을 만들어 소프트웨어의 중요성에 대해 알린다는 생각이다. 그는 "전통 제조업이 무너지고 있는데 소프트웨어를 접목하지 않으면 경쟁력이 사라진다"고 말했다.

조현정 비트컴퓨터 회장은 "소프트웨어를 신경 쓰지 않는다면 어렵게 일궈낸 한강의 기적이 '추억'이 될 수 있다"고 경고한다. 그는 1983년, 대학교 3학년 재학 시절 우리나라 벤처 1호로 알려진 '비트컴퓨터'를 창업하고 서울올림픽 성화 봉송 및 문화예술축전 업무 전산화 프로그램을 개발하며 당시 한국에서 가장 뛰어난 개발자라는 별명을 얻었다. 조 회장은 "산업과 산업이 융합하는데 가장 필요한 것이 바로 소프트웨어"라며 "소프트웨어는 창업의 기회는 물론 일자리를 늘릴 수 있는 원동력이 된다"고 말했다.

김성조 중앙대 부총장도 기존 제조업에 소프트웨어가 결합되는 것이 바로 '사물인터넷'이라고 강조했다. 그는 "현재 우리나라 대기업은 소프트웨어가 중심이 될 것이라는 생각이 부족한 것 같다"며 "제조업으로만 이루어진 산업이 얼마나 계속될 수 있을지에 대한 고민을 해야 하는 시점"이라고 말했다. 그는 "농민도 IT를 이해해 융합해야 한다"며 "경제 패러다임이 바뀌고 있는 만큼 IT를 기반으로 제조업에 융합하려는 노력이 필요하다"고 말했다.

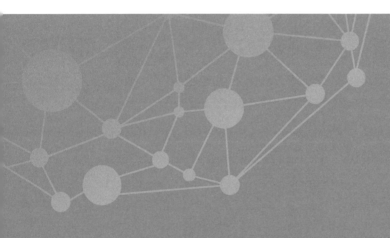

소프트웨어 **강국으로 가자**

PART **4**

미국이 소프트웨어
강국 된 비결

PART 4

 미국이 소프트웨어 강국 된 비결

미국의 국가적
소프트웨어 열기

    하버드대학에서 가장 큰 초대형 강의실 '샌더스 씨어터(Sand-
ers Theater).' 이곳은 하버드대에서 수강신청 학생이 가장 많
은 강의가 진행되는 곳으로 학문적 트렌드를 알려주는 바로미
터 역할을 한다. 그레고리 맨큐 교수(경제학원론)와 마이클 샐
던('정의란 무엇인가' 저자) 등 스타 교수가 강의한 바로 그곳이
다. 그러나 최근 샌더스 씨어터를 차지한 과목은 '컴퓨터과학입문
(CS50·Introduction to Computer Science I)'이다.

    CS50 담당 데이비드 멀렌 교수는 2015년 봄 매일경제와 이메일
인터뷰 및 강의를 통해 "너무 많은 학생들이 CS50을 수강신청

스티브 발머 마이크로소프트(MS) 전 회장이 지난해 가을 학기 하버드대학 샌더스 시어터 강의
실에서 진행된 컴퓨터과학입문(CS50) 수업에서 특별 연사로 강연을 하고 있다.

한 덕분에 CS50을 2008년부터 샌더스 씨어터에서 강의해왔다"며
"CS50은 초보적인 컴퓨터 언어를 가르치는 교양과목이지만 이 강
의를 듣고 개발자의 길을 택한 사람이 많을 정도로 학생들로부터
인기가 많다"고 말했다.

실제로 CS50은 2014년 가을학기에 하버드대 전체 학부생의
12%에 해당하는 818명이 수강신청해 하버드대 전체 과목 중 최고
인기 강의로 나타났다. 이는 CS50 강의가 생긴지 30년 만에 가장
많은 학생이 신청한 것이며 전 과목을 통틀어서도 2015년 기준 근
5년 간 가장 많은 학생이 등록한 것이다. 2013년 1위를 차지했던
경제학원론(Ec10A)은 수강신청 학생이 772명으로 CS50에 1위 자
리를 양보했다.

CS50의 경우 기말 과제로 학생들이 스스로 만든 프로그램을 보

순위	직종	7개 영역 점수	평균 연봉(달러)
1	**소프트웨어 개발자**	**8.4**	**9만 60**
2	컴퓨터시스템 분석가	8.2	7만 9680
9	웹 개발자	7.8	6만 2500
1	정보보안 분석가	7.6	8만 6170
12	데이터베이스 관리자	7.6	7만 7080
24	IT관리자	7.1	12만 950
30	컴퓨터프로그래머	6.9	7만 4280

미국 유망 정보통신기술 직종 순위

* 평균연봉, 직업전망, 고용률, 스트레스 강도 등 7개 영역으로 구분해 1~10점 사이 점수 부여 (자료=US뉴스&월드리포트)

여주는 전시회를 여는 데 이곳엔 구글, 애플 등 내로라하는 기업 관계자들도 대거 참가해 대학 행사라기보다 소프트웨어 시장이 선 듯한 풍경이 연출된다. 하버드대에서 CS50의 인기는 다른 아이비리그 대학으로 확산되는 추세다. 예일대는 하버드대의 허락을 받고 2015년 가을 학기부터 CS50과 똑같은 강의를 개설하기로 했다. 학생들로부터 컴퓨터과학 수업에 대한 수요가 넘쳐났기 때문이다.

CS50 강의를 들은 하버드대 학생 A씨(19세)는 "나는 컴퓨터과학 전공자도 아니지만 CS50을 들으면 기본적인 컴퓨터과학에 대한 이해를 크게 넓힐 수 있다"며 "이 같은 지식은 제가 졸업 후 어떤 일을 하든 도움이 될 것으로 생각한다"고 말했다. CS50 강의는 가을학기에는 샌더스 씨어터에서 진행되고 봄학기에는 온라인으로 진행된다. 강의 중 일부는 유투브를 통해서 볼 수도 있다.

반면 서울대 최대 초대형 강의장인 문화관 중강당을 차지한 강의는 인문학인 것으로 나타났다. 2015년 1학기 전공 외 수강신청 인원이 가장 많은 강의는 298명이 신청한 '삶과 인문학'이었다. 그 뒤를 '시장경제의 이해(256명)'가 차지했다. 서울대에서 교양으로서 코딩의 기초를 가르치는 강의는 '컴퓨터의 개념 및 실습'이 유일한데, 이 강의는 2015년 1학기에 2개 강좌가 개설되었고 총 정원 100명에 98명이 신청했다. 국내 최고 학부라는 서울대에서 소프트웨어 역량의 바로미터인 코딩에 대한 관심은 인문학과 경제학에 비해 한참 못 미치는 셈이다.

미국의 소프트웨어 열기는 하버드대는 물론 초·중·고교생들 사이에서도 찾아볼 수 있다. 대표적인게 무료 온라인 코딩(컴퓨터 프로그래밍) 교육 사이트인 '코드닷오알지(code.org)'이다. 이곳은 2013년 빌 게이츠 마이크로소프트 창업자, 마크 저커버그 페이스북 최고경영자 등 소프트웨어 거물과 기업들이 총 1,000만 달러를 지원해 만든 곳으로 최근엔 버락 오바마 대통령까지 나서서 어린이들의 코딩 교육을 장려하고 있다.

오바마 대통령은 홍보 영상에서 "게임을 하기보다 게임을 직접 만들라"며 "프로그래밍을 배우는 한 시간이 우리 인생의 모든 것을 바꿔놓을 것"이라고 말했다. 덕분에 미국에선 일선학교는 물론 가정에서도 이 사이트를 이용해 코딩을 공부하는 초·중·고교생들이 확대되는 추세다.

소프트웨어로
무게중심 이동하는 미국 기업들

"지도에 붉은색으로 표시된 곳 보이죠? 이곳의 나무가 곧 쓰러질 가능성이 높기 때문에 미리 잘라야 한다는 뜻입니다."

2015년 5월 말 미국 실리콘밸리 소재 'GE 글로벌 소프트웨어 센터(GSC)' 4층 연결경험실(Connected Experience Lab)에 에린 김 GE 전략프로그램 매니저가 55인치 TV 6개가 연결된 모니터 앞에 섰다. 그는 영화 '마이너리티 리포트' 주인공처럼 손동작만으로 화면을 확대·축소하면서 미국 특정 지역의 지도를 검색했다. 지도엔 나무들이 여러 색으로 표시되어 있었는데 붉은색이 진할수록 쓰러질 시점이 임박함을 뜻했다.

에린 김 GE 전략프로그램 매니저가 GE의 최신 서비스를 소개하고 있다.

김 매니저는 "최근 한 전력회사가 GE에 특정 지역의 나무가 언제 쓰러질지 알 수 있는 해법을 문의해 와서 GE 글로벌 소프트웨어 센터가 과거 6년 동안의 날씨, 나무 상태 등 100만 가지 이상의 빅데이터를 분석해 솔루션을 공급하는 거래를 진행 중에 있다"며 "이 솔루션을 이용하면 전력회사는 쓰러지는 나무로 인해 주변 전깃줄이 끊어지는 사태(정전)를 미연에 방지할 수 있을 것"이라고 말했다. 전력회사는 이 같은 정전으로 인해 부담했던 연간 비용 약 2억 달러(한화 약 2,000억 원)를 아끼게 된다.

김 매니저는 "소프트웨어가 빅데이터와 연계해 앞으로 웬만한 일상의 문제는 모두 해결할 것"이라며 "소프트웨어가 지구인의 생활 방식을 완전히 바꿔놓을 것"이라고 전망했다. 예를 들어 교통 체증, 대형병원 병실 부족 등을 미리 예측해 대응할 수 있다는 설명이다.

미국을 대표하는 제조업체 GE가 소프트웨어 기업으로 빠르게 변신하고 있다. 단순 제조업만으로는 미래 산업 생태계에서 생존할 수 없다는 최고경영진의 판단에 따른 결정이다. 제프리 이멜트 GE 회장은 2014년 "GE가 어제 밤까지 제조업체였다면 오늘 아침부터는 소프트웨어 회사"라고 선언한 바 있다.

GE가 소프트웨어로 무게중심을 이동하기 시작한 시점은 지난 2011년 실리콘밸리에 글로벌 소프트웨어 센터(GSC)를 설립하면서부터다. GE는 당시 10억 달러(약 2조 원)을 투자해 센터를 설립했고, 2015년 5월 말 약 1,300여명의 소프트웨어 인력이 근무하는 이곳은 GE의 '소프트웨어 본사'로 자리매김했다.

존 매기 GE 글로벌 소프트웨어 센터의 최고마케팅책임자(CMO)는 "제조업은 지난 30년 동안 효율성을 높여주는 '자동화(Automation)'에 초점이 맞춰졌으나 이제 한계도 봉착했다"며 "앞으로 화두는 '최적화(Optimazation)'고 이는 소프트웨어에 기반한 데이터에서 나온다"고 말했다. 최적화를 통해 기업은 제조공정을 개선하고 제품의 질을 높이며 비용을 낮춤으로써 수익성을 높이는 장점이 있다.

매기 CMO는 "GE는 최근 항공기 엔진, 가스 터빈, 송유관, 전구 등 모든 제품에 센서를 부착하기 시작했다"고 밝혔다. 예를 들어, GE의 항공기 엔진에 부착된 센서는 3,000마일 비행할 때, 온도 습도 풍력 마찰력 등 1테라바이트(TB, 약 100만 메가바이트)의 정보를 모을 수 있다. 풍력 장치의 경우 GE가 센서를 부착해 제품 품질을 높인 결과 수익성은 20% 높아졌다.

덕분에 GE는 2013년 소프트웨어 부문에서 2억 9,000만 달러의 매출을 올린데 이어 2014년 10억 달러 이상의 매출과 1,800억 달러 이상의 수주 잔량을 기록했다. GE의 고객사들은 소프트웨어 기술 덕분에 연간 200억 달러 규모의 비용절감 효과를 누리고 있다.

미국 기업들의 소프트웨어로의 무게중심 이동은 IT의 메카 실리콘밸리에서 극명해진다. 나창엽 실리콘밸리 무역관장은 "실리콘밸리는 소프트웨어 전문 기업들뿐만 아니라 최근 GE같은 미국 대표 제조기업들까지 블랙홀처럼 끌어당기고 있다"며 "이는 소프트웨어가 미국 산업 전반에서 핵심역량으로 부상하면서 실리콘밸리의 역동적인 기업 환경이 각광을 받고 있기 때문"이라고 말했다.

세계에서 유일하게 3D 프린터로 탄소섬유 재질의 제품을 만드는 기술을 보유한 스타트업 업체 '아레보(Arevo)'가 대표적이다. 아레보의 히맨 베다 대표는 "소프트웨어 기술만 있으면 실리콘밸리에서는 한순간에 대박을 낼 수 있다"며 "창업 후 1년 이 지난 2014년 우리의 첫 고객은 미국항공우주국(나사)이었다"고 말했다.

베다 대표는 과거 3D 프린팅 업계에 있었을 때만해도 두각을 나타내지 못했으나 탄소섬유로 3D 프린팅으로 만드는 소프트웨어를 개발한 뒤 현재 3D 업계에서는 가장 주목받는 인물로 부상했다. 그는 미국전기차 테슬라 등 자동차, 우주항공, 의료기기 분야의 주요 업체를 고객사로 두고 있다.

실리콘밸리는 새로운 소프트웨어 기술력을 가진 스타트업체들이 벌떼처럼 모이고 실제로 성공하기 때문에 개발자가 투자자를 유치하기가 쉬운 게 장점이다.

2014년 국제가전전시회(CES)에서 인공지능 로봇 '타이키'로 혁신상을 수상한 'AI 브레인'의 리처드 신 대표는 "실리콘밸리의 힘은 아이디어와 기술만 있으면 펀딩 받는 게 식은 죽 먹기라는 점"이라며 "특히 요즘엔 실리콘밸리의 인기 분야인 인공지능은 간판만 달아도 투자자가 몰리는 상황"이라고 말했다.

신 대표는 "실리콘밸리에서는 개발자와 투자자간 미팅이 자주 열리고, 엔젤투자자의 경우 투자를 하더라도 전체 지분의 3분의 1 이상은 가져가지 않고 나머지 지분은 개발자에게 귀속시킴으로써 개발 의욕을 고취 한다"고 강조했다. 반면 한국의 경우 개발자가 스스로 자금을 조달해야할 때가 많고, 투자를 받더라도 투자자들이 대주주가 되는 것에 관심이 많아 개발자 입장에서 불리하다고 꼬집었다.

INTERVIEW

우베 하겐 BMW 실리콘밸리 테크 오피스 대표

"BMW가 다른 자동차 브랜드보다 가장 먼저 실리콘밸리에 진출 한 이유는 자동차의 미래가 소프트웨어에 있기 때문입니다."

미국 실리콘밸리 마운틴뷰에 위치한 BMW 테크 오피스의 우베 하겐 대표는 2015년 5월 말 매일경제와의 인터뷰에서 이 같이 밝혔다. BMW는 지난 1998년 실리콘밸리에 기술 연구소에 해당하는 테크 오피스를 다른 완성차 업체보다 가장 먼저 열었다.

하겐 대표는 "BMW의 뮌헨 본사에도 상당한 규모의 연구진이 있지만, 실리콘밸리만큼 급속한 소프트웨어 기술의 발전이 이뤄지는 곳은 없다"며 "실리콘밸리에서 벌어지고 있는 기술의 혁신과 아이디어를 뮌헨 본사와 접목해서 미래 자동차를 생산하는데 기여하는 것이 바로 실리콘밸리 테크 센터의 임무"라고 소개했다.

실제로 실리콘밸리에는 BMW가 처음 진출한 이후 다른 내로라하는 완성차 업체들이 잇따라 R&D센터를 개소했다. 포드자동차는 2015년 1월 샌프란시스코만 남서쪽 도시인 팰로앨토에 연구원 125명 규모의 연구혁신센터를 열었다.

실리콘밸리에 진출한 자동차 업체 중 가장 대규모 연구소다. 메르세데스-벤츠는 2013년 팰로앨토 동남쪽의 써니밸리에 기존 연구소를 확장 이전했다. 닛산, 테슬라 등도 실리콘밸리 사무실을 운영 중이다. 현대차 역시 샌프란시스코만 서쪽 멘로파크에 연구소를 운영하고 있다. 완성차 업체뿐만 아니라 자동차 부품업체인 독일 로버트보쉬나 미국 델피오토모티브 등도 실리콘밸리에 보금자리를 마련했다.

하겐 대표에게 BMW가 실리콘밸리에 R&D센터를 설립한 후 어떤 성과가 있었냐고 물어보자 '전기차'라고 간단하면서도 의미심장한 답을 내놨다.

그는 "BMW의 최초의 순수전기차인 i3가 태어난 곳이 바로 BMW 실리콘밸리 테크 센터였다"며 "우리는 이곳에서 미래 자동차는 전기차라고 확신했고 시장을 선도할 전기차를 생산하기 위해 뮌헨 본사와 협업해왔다"고 밝혔다. BMW의 첫 플러그인하이브리드(PHEV, Plug-In Hybrid)인 i8도 이곳에서 태어났다고 그는 덧붙였다. PHEV는 배터리뿐만 아니라 가솔린 등 화석연료도 사용해 순수 전기차의 단점인 짧은 주행거리를 내연기관차만큼 늘렸고 동시에 연비는 내연기관차보다 2~3배 이상 높은 장점을 결합한 차다.

하겐 대표는 10년 후의 차는 '자율주행차'로 내다봤다. 그는 "10년 후 자율주행차가 상업화되면 무사고가 보편화 될 것이고 이에 따라 보험체계도 바뀌게 된다"고 전망했다. 특히 그는 자율주행차는 자동차를 소유의 대상이 아닌 공유의 대상으로 개념이 전환될 것으로 예상했다. 예를 들어, 누군가 이동이 필요할 경우 풀카처럼 필요한 시간에 빌려서 사용할 수 있다는 것이다.

2015년 BMW 실리콘밸리 테크 센터에는 엔지니어 30명이 근무하고 있고 절반은 실리콘밸리 출신이고 나머지 절반은 뮌헨 본사에서 파견됐다.

샘 우
ACE프렙 부사장의 가족

"너무 재미있어요. 엄마, 나 매일 코딩 공부하면 안돼요?"

미국 실리콘밸리 인근 샌 라몬, 초등학교 3학년인 에스더 우는 방과 후 집에 와서 제일 먼저 하는 일이 엄마에게 컴퓨터를 해도 되느냐고 묻는 것이다. 컴퓨터로 게임을 하는 게 아니다. 코딩 공부를 하기 위해서다.

에스더는 "'코드닷오알지(code.org)'에 들어가면 내가 좋아하는 게임을 할 수 있다"며 "한 단계씩 레벨을 올려 갈 때마다 재미있고 더 하고 싶어진다"고 말했다. 코드닷오알지는 초·중·고등학생용 무료 온라인 코딩 교육 사이트다.

에스더 부모는 코딩의 중요성을 그 누구보다 잘 알기 때문에 딸이 하는 걸 말리진 않지만 너무 컴퓨터에만 빠져들까 걱정되어 매일 하지는 못하도록 하고 있다. 에스더의 부친인 샘 우(41세) 씨는 미국에서 컴퓨터과학으로 학부와 석사과정을 마치고 현지 초·중·고등학생들을 상대로 코딩을 가르치는 학원 ACE프렙의 부사장을 맡고 있다.

우 부사장은 "실리콘밸리에서 코딩을 공부하는 것은 우리나라 학생들이 수학이나 영어 공부하는 것과 똑같다"며 "실리콘밸리의 가정에서는 코딩 능력이 대를 이어 자식에게 전해지고 있다"고 말했다.

우 부사장은 2014년부터는 에스더의 남동생 조슈아(8세)에게도 코딩을 배우도록 했다. 조슈아는 "코딩은 수학과 과학과 같은 과목과는 다르게 컴퓨터로 공부할 수 있어서 좋다"고 말했다.

실제로 학생용 온라인 코딩 교육 프로그램을 보니 거의 게임에 흡사했다. 조슈아가 하는 코딩은 초급 레벨 수준으로 여러 블록으로 구성된 지도에서 이동을 하기 위해 어떤 블록 형태를 지니는 게 좋은지 스스로 경로를 만드는 게임이었다. 차후 이 같은 게임은 컴퓨터 언어를 사용해 구조화할 수 있는 토대가 된다. 우 부사장은 "어릴 때 코딩을 배운 컴퓨터과학 전공자와 그렇지 않은 컴퓨터과학 전공자 간의 코딩 능력 차이는 도저히 따가랄 수 없을 정도로 크다"며 "한국도 초등학생부터 코딩을 배워서 논리적 사고력을 키우고 차후 유능한 개발자가 되는 토대를 닦는 게 필요하다"고 강조했다.

능력중심 문화와
능동적인 프로젝트 진행

"미국엔 환갑이 다된 소프트웨어 개발자가 수두룩합니다. 그러나 한국에서 개발자는 40대만 되면 더 이상 개발일을 하지 못하고 간부의 길을 가거나 아니면 회사를 나가야 하죠."

미국 실리콘밸리에서 개발자로 활약하는 한국인 엔지니어 7명은 2015년 5월 말 산호세에서 매일경제와 단체 인터뷰를 갖고 미국식 '투트랙' 제도가 한국의 소프트웨어 산업 발전을 위해 필요한 제도라고 주장했다. 미국의 소프트웨어 기업들은 개발자가 직급이 올라도 계속 개발일을 할 수 있고 간부의 길을 갈수도 있다.

국내 전자업체 근무 후 구글에서 7년 동안 소프트웨어 엔지니어

미국 실리콘밸리에서 개발자로 활약하는 한국인들이 각자의 경험을 털어놓으며 한국의 소프트웨어 발전을 위한 제언을 나누고 있다. (왼쪽부터)김태미 소시오메트릭 솔루션스 대표, 조현규 구글 본사 소프트웨어 엔지니어, 이동휘 구글 본사 소프트웨어 엔지니어, 지현구 구글 본사 소프트웨어 엔지니어, 조성정 구글 본사 소프트웨어 엔지니어, 염재현 구글 본사 소프트웨어 엔지니어, 크리스틴 문 드랍박스 모바일 파트너십 총괄.

로 근무한 지현구 씨는 "한국은 나이가 차면 순수 개발 코스로 올라갈 수 있는 자리가 거의 없다"며 "실리콘밸리에서는 60살까지 프로그램만 짜겠다고 해도 가능하다"고 말했다. 이 같은 투트랙이 가능한 배경은 미국 소프트웨어 기업들이 직원을 평가할 때 '나이'는 완전히 배제하고 오로지 '능력'만 보기 때문이다.

《실리콘밸리 견문록》을 발간한 이동휘 구글 소프트웨어 엔지니어는 "미국 기업은 직원을 채용할 때 나이를 법적으로 물어보지 못하게 되어 있고, 이에 따라 모든 개발자들은 입사 후에도 나이를 떼고 오로지 능력으로만 진검승부를 해야 한다"고 말했다. 덕분에 개발자는 본인만 기술 트렌드를 따라간다면 나이와 무관하게 개발일을 할 수 있다. 대신 나이 어린 후배가 상사로 오더라도 자연스럽다.

능력 중심의 직원 평가는 미국의 유연한 노동시장도 한몫했다.

전 퀄컴 소프트웨어 개발자인 션 김 씨는 "실리콘밸리는 물론 미국 내 모든 고용 계약서에는 'fire at will(회사 사정에 따라 언제든 해고가능)'이라는 문구가 삽입되어 있다"며 "자유롭게 일하는 대신 철저하게 성과로 평가받는 체제"라고 말했다.

이들은 한국 소프트웨어 기업들의 경직된 조직문화도 문제점으로 지적했다. 염재현 구글 소프트웨이 엔지니이는 "빈팔티와 빈바지 차림에 슬리퍼를 신고 출근을 하며, 재택근무를 하고 싶으면 당일 아침 이메일로 통보만 하면 된다"며 "실리콘밸리에선 성과만 낸다면 일하는 방식은 아무런 문제가 되지 않는다"고 소개했다. 국내 전자업체 근무 후 구글에서 근무 중인 조성정 씨는 "구글 구내식당은 직원과 임원용 식당 구분이 없다. 래리 페이지 CEO도 직원들과 함께 줄을 서서 밥 먹는 게 자연스럽다"고 말했다.

이들은 또 실리콘밸리 개발자들은 한국과는 달리 회사가 시키는 일이 아닌 자신이 하고 싶은 일을 한다고 강조했다. 구글 근무 후 드랍박스에서 모바일 파트너십 총괄을 맡고 있는 크리스틴 문 씨는 "실리콘밸리에서는 대게 실무 개발자가 하고 싶은 프로젝트를 먼저 정하고, 상사가 이에 대해 승인하는 방식으로 프로젝트가 진행된다"며 "개발자가 하고 싶은 일을 하기 때문에 동기부여가 확실하다"고 지적했다.

마지막으로 이들은 개발자들이 벤처로 대박을 낼 수 있다는 희망이 한국에 희박하다는 사실에 안타까워했다. 벤처업체 소시오메 트릭 솔루션스의 김태미 대표는 "회사를 차린 지 4년이 되었는데 요즘 가장 큰 고민이 큰 돈도 벌지 못하면서 회사가 망하지 않는 것"이라며 "실리콘밸리에서는 실패를 거듭하더라도 언젠가 벤처로 성공을 하겠다는 의지가 젊은이들 사이에 확고히 심어져 있어서 수 많은 젊은이들이 도전을 반복한다"고 말했다.

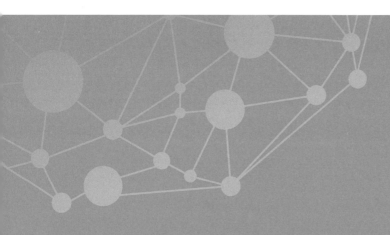

소프트웨어 강국으로 가자

PART 5

소프트웨어에
올인하는 유럽

소프트웨어에 올인하는 유럽

오픈소스를 통한
생태계 구축

"소프트웨어 산업에서 스타트업(신생 기업)의 중요성을 사회 구성
원들이 느끼도록 하는 게 중요합니다. 오픈소스 소프트웨어는 핵
심적인 역할을 할 수 있습니다."

소프트웨어 '리눅스'가 탄생한 나라 핀란드에서 만난 소프트웨어
엔지니어 유하 파나넨 씨는 소프트웨어 산업 발전 방향과 함께 오
픈소스의 중요성에 대해 이같이 조언했다. 핀란드는 정보기술(IT)
기업으로 국가 발전을 이룬 나라다. 파나넨 씨가 근무하는 IT 서비
스 기업 레악토르(Reaktor)는 회사 공간과 PC를 일부 개방해 민
간 코딩 교육에도 앞장서고 있는 곳이기도 하다. 레악토르는 우리

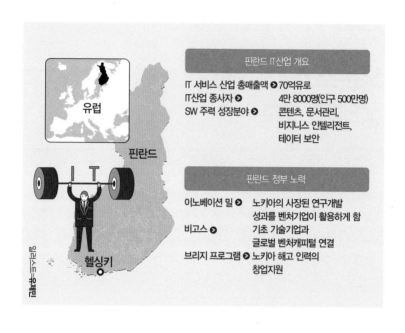

핀란드 IT산업 개요

IT 서비스 산업 총매출액 ◐ 70억유로
IT산업 종사자 ◐ 4만 8000명(인구 500만명)
SW 주력 성장분야 ◐ 콘텐츠, 문서관리,
비지니스 인텔리전트,
데이터 보안

유럽

핀란드

헬싱키

핀란드 정부 노력

이노베이션 밀 ◐ 노키아의 사장된 연구개발
성과를 벤처기업이 활용하게 함
비고스 ◐ 기초 기술기업과
글로벌 벤처캐피털 연결
브리지 프로그램 ◐ 노키아 해고 인력의
창업지원

나라로 치면 삼성SDS나 LG CNS와 같은 업무도 하는 회사다. 하지만 대기업의 계열사가 아닌 독립 기업으로, 오픈소스를 기반해 여러 가지 소프트웨어를 만들어 판다. 매년 핀란드에서 가장 일하기 좋은 기업 1순위에 오르며 소프트웨어 엔지니어들 사이에서 가장 인기가 높다.

오픈소스란 컴퓨터 소스 코드를 공개해 누구나 제한 없이 코드를 보고 사용할 수 있는 개방형 소프트웨어를 말한다. 오픈소스의 대명사는 리눅스다. 20여 년 전 1989년, 21세 핀란드 대학생이 만든 이 운영체제(OS)는 세계의 거의 모든 데이터 센터에서 활용되고

(좌) 헬싱키 소프트웨어 기업 레악토르에서 직원들이 회의 중이다.
(우) 레악토르 직원들이 자신의 업무와 맡은 프로젝트를 적어 놓은 포스트잇

있다. 구글의 스마트폰 OS인 안드로이드도 리눅스를 기반으로 탄생했다. 리눅스와 안드로이드는 소프트웨어 산업을 이끌어가는 주자다. 삼성전자가 개발한 타이젠이란 OS도 리눅스에서 태동했다. 타이젠은 완전한 오픈소스 모바일 OS를 지향하고 있다. 레악토르에서 만난 또 다른 엔지니어 에투 씨도 "핀란드에서는 개발자 선발 시 오픈소스 커뮤니티 활동 경력을 중요하게 여긴다"며 "대학 시절부터 커뮤니티에 참여하고 기여한 경험이 엔지니어의 자산"이라고 설명했다.

핀란드에는 레악토르와 같은 소프트웨어 파워를 지닌 회사가 적지 않다. 게임 기업 슈퍼셀은 전 세계 모바일 게임 시장을 장악한 소프트웨어 강자다. 두 회사의 업종은 다르지만 전체 직원 수는 150명에서 200명 남짓이고 개발자가 주를 이룬다. 주된 업무 시간

외 개발자들은 자신의 상상력을 구현할 수 있는 개발 시간을 하루 중 두어 시간 둔다.

파나넨 씨는 "소스 코드를 개방해 기술 우위를 포기하는 것은 단기적으론 이익을 얻을 수 없지만 소프트웨어 시장 자체 성장을 키우는 계기가 될 수 있다"고 말했다.

주어진 요구에 맞춰 솔루션을 제공하는 한국의 소프트웨어 산업 현실과 핀란드의 모습은 천양지차였다. 핀란드 개발자들은 숨겨진 소프트웨어 요구를 창출하는 것에 소명의식을 갖고 오픈소스를 적극 활용하고 있었다. 그들은 모바일앱 경제, 클라우드, 빅데이터, 네트워크 등 최신 기술과 서비스를 구현하는데서 보람을 찾는다.

김진형 소프트웨어정책연구소장은 "소프트웨어 산업 기반이 취약한 한국에서 개발자들이 오픈소스를 통해 최신 기술과 개발 노하우를 빠르게 습득하는 게 효과적일 수 있다"며 "오픈소스를 통해 다양한 아이디어를 구현할 수 있는 스타트업 참여도 높일 수 있을 것"이라고 설명했다. 그러면서 김 소장은 "국내 개발자와 사용자들의 자발적 참여가 우선 필요하다"며 "이들을 묶을 커뮤니티가 생겨나 대기업과 정부의 지속적인 지원이 주어지면 글로벌 수준의 소프트웨어 생태계가 조성될 수 있다"고 내다봤다.

핀란드의
소프트웨어 교육 정책

핀란드 수도 헬싱키에서 차로 20분을 달려 도착한 외곽 도시 반타. 반타 '퀴토푸이스토' 초등학교의 유명 인사는 옌나 토르마, 안트란, 사이미 라실라, 리타 마나디린이다.

4명은 열두 살 동갑내기로 2014년 팀을 결성해 유러피안스쿨넷과 마이크로소프트(MS)가 주최하는 유럽지역 게임 소프트웨어 경연대회에 핀란드 대표로 출전했다.

핀란드 내 치열한 경쟁에서 승리해 유럽 대회에 나서게 된 이들은 1등을 차지하진 못했지만 여학생들로만 구성돼 유럽 지역 미디어에서도 많은 관심을 받았다. 옌나 토르마는 "대회 직전까지 오전

반타지역 퀴토푸이스토 초등학교 6학년생 (왼쪽부터)옌나, 안, 사이미, 리타, 코딩 담당교사 티나가 함께 만든 컴퓨터 게임을 소개하며 웃고 있다.

6시에 일어나 밤 11시까지 팀원 모두 프로젝트에 몰두했지만 하나도 힘들지 않았다"고 회상했다. 이들은 소프트웨어 엔지니어를 부모로 둔 것도 아니고, 기존에 컴퓨터에 해박한 지식을 갖고 있던 것도 아니었다. 그저 3학년 때부터 방과 후 활동으로 코딩(컴퓨터 프로그래밍)을 배워 지금의 실력을 갖추게 됐다. 수업은 일주일에 1시간씩 받았지만 자발적으로 모여 토론하고 코드를 짰다. 학교에서 만나 이야기를 나눴을 때 이들은 평범한 소녀들과 다름없었다. 하지만 매주 새로운 게임을 하나씩 만들어내는 프로그래머로 성장하고 있었다. 컴퓨터를 켠 사이미 라실라는 "없어진 피터팬을 찾는 팅커벨의 모험을 다룬 새 게임을 만들고 있다"며 "인디언들이 좋아

핀란드 에스포 지역의 빈당엔 초등학교에서 2학년 학생들이 비닐컵 움직이기로 알고리즘을 익히고 있다.

하는 음식으로 한국 반찬인 '김치'도 넣었다"고 설명했다.

코딩 담당교사 티나 카하라 씨(42세)는 아이들이 핀란드 대표로 선발됐을 때의 감격을 잊지 못한다. 그 역시 대학에서 코딩을 전공한 사람은 아니었다. 노키아의 소프트웨어 엔지니어였던 오빠를 통해 코딩의 중요성을 깨닫고 독학해 몇 년 전부터 아이들을 가르쳤다. 그는 "아이들과 서로 배우며 성장한 결과 핀란드 대표팀을 배출할 수 있었다"고 말했다. 프로그래밍을 배우는 소녀들에게 영감을 주고 싶다는 안 트란은 "상상한 것이 실현되는 게 코딩의 가장 큰 매력"이라고 말했다.

핀란드는 2016년부터 새롭게 개정되는 초·중·고 교육 정책에 '정보통신융합기술(ICT)'을 추가하고 알고리즘의 원리와 코딩을 가르치게 된다.

소프트웨어를 별도의 과목으로 분리해 가르치지 않고, 학교 재량껏 커리큘럼을 만들어 가르치도록 방침을 내렸다. 슈퍼셀, 로비오 등 핀란드의 대표 소프트웨어 기업이 있는 에스포 근처의 '빈당엔' 초등학교에서도 정규 키리큘럼을 앞두고 2학년 학생들을 대상으로 코딩 시범 교육을 하고 있다. 방과 후 교육이 아닌 일반 수업 시간에 이를 편성하고 이웃나라인 스웨덴에서 프로그래밍 선생님을 스카우트했다.

핀란드의 저학년 학생들을 대상으로 실시되는 코딩 교육은 대체로 컴퓨터를 활용하지 않는다. 빈당엔 초등학교 2학년 어린이들은 작은 일회용컵 4개를 가지고 알고리즘에 대해 배워가고 있었다. 3명이 한 팀을 이뤄 2명이 개발자, 1명이 로봇의 역할을 담당한다.

개발자들이 화살표를 종이에 그려 명령어를 주면, 로봇 역할의 어린이가 종이컵을 그대로 옮긴다. 컵을 쌓을 수도 있고 일렬로 늘어뜨릴 수도 있다. 모든 것은 개발자들의 명령어에 따른 것이다. 어린이들은 코딩의 기본 개념인 알고리즘을 이런 식으로 익히고 있었다.

이 학교 울리카 빌푀르니우만 교장(40세)은 "알고리즘이 핀란드어, 스웨덴어처럼 컴퓨터가 쓰는 말임을 학생들이 이해하고, 이를 멋지고 재밌는 것으로 점차 인식하고 있어 기쁘다"고 말했다.

린다 리우카스
'헬로루비' 제작자

"다섯 살짜리 덴마크 여자 어린이가 제 책으로 보안 프로그램을 만들었대요. 신기하지 않나요?"

핀란드 헬싱키에서 만난 린다 리우카스(29세)가 귀여운 어린이 사진을 보여주며 환하게 웃었다.

머지않아 유치원 어린이도 프로그래밍을 접하는 시대가 올 것이라고 확신하는 그는 이미 핀란드 소프트웨어 업계에서는 유명인사다. 전문적으로 그림을 배워본 일이 없다던 리우카스는 루비(프로그래밍 언어의 한 종류)를 깜찍한 캐릭터로 만들어 동화책 코딩 교본 '헬로루비'를 만들고 아이들을 가르치고 있다. 헬로루비는 빨강머리 소녀 루비가 안드로이드와 호랑이, 펭귄과 함께 모험을 떠나는 내용인데, 모험 과정에서 만나는 연산자, 명령어 입력 등을 통해 아이들이 알고리즘을 익히도록 유도한다. 이른바 '컴퓨팅적 사고(Computational Thin king)'를 저절로 배우는 것이다.

경영학을 공부한 그가 개발 전도사가 된 까닭은 뭘까. 리우카스는 프로그래밍을 독학으로 공부했다. 우연한 기회에 접한 컴퓨터 공학 수업에서 열의가 생겼다. 그때마다 그림으로 원리를 표현하고 컴퓨터 프로그래밍 언어를 이해했다. 3년 정도 취미로 헬로루비를 그렸고 그의 작업을 흥미롭게 지켜보던 지인들이 출판을 권유했다. 리우카스는 전 세계에 책을 출판하기 위한 크라우드 펀딩을 시작했고 후원금도 모았다. 2014년 8월 핀란드를 시작으로 세계 곳곳에서 책 헬로루비를 만나볼 수 있게 됐다.

한국에도 2015년 가을 출판을 앞두고 있으며 2015년 4월에는 일본에서도 출판됐다.

"컴퓨터와 인터넷은 공기처럼 우리 주변에 항상 있죠. 아이들은 이 원리를 보다 쉽게 이해하길 원하는데 설명해 주려해도 좋은 자료를 찾기 힘들어요." 리우카스에 따르면 언어, 생물, 화학, 수학을 위한 기초 교육 자료는 많다. 하지만 세계적으로 어린이를 위한 코딩교육이 세계적인 추세가 돼 가는 가운데, 이를 아이들 눈높이에서 설명해주는 게 없어 안타까웠다고 했다. 그녀는 헬로루비가 그 역할을 해주길 바라고 있다.

수많은 국가 정부는 국민의 소프트웨어 능력을 고양하기 위해 많은 준비를 하고 있다. 생산비용을 줄여 경쟁력을 확보하는 제조업의 체계보다는 무에서 유를 창조해 한계비용을 제로(0)로 만들고 무한한 가치를 창출하는 소프트웨어가 미래 생존을 좌우한다고 판단하기 때문이다.

리우카스는 "핀란드에서는 어린이를 위한 코딩 교육 프로그램을 이미 시작하고 있다"며 "수학, 스포츠 등과 섞어 프로그래밍을 복합적으로 가르친다"고 설명했다. 핀란드에서는 소프트웨어 교육이 2017년부터 정규 커리큘럼이 되지만 벌써부터 수도 헬싱키 내 초등학교에서는 코딩 시범 교육을 실시하는 등 열의를 보이고 있다.

그런 의미에서 4~7세 어린이를 위한 코딩 교본을 낸 리우카스는 글로벌 소프트웨어 엔지니어들과 인맥도 탄탄하게 다지고 있다.

리우카스는 여성 프로그래머를 위한 커뮤니티(레일즈걸즈)도 2010년 핀란드에 설립했다. 초급자를 위한 루비 교실, 기술세미나가 열린다. 레일즈걸즈는 핀란드를 넘어 이스라엘과 일본 등 180여 개 도시에서 행사를 열고 있다. 리우카스의 행보는 컴퓨터와 작업하는 개발자가 국경을 넘어 활발히 소통할 수 있다는 걸 보여준다. 그녀는 "프로그래밍은 혼자만의 작업이 아니라 다른 사람에게 보여주고 더 좋은 결과를 만들어가는 소통의 과정"이라며 "커뮤니티를 만들고 동화책을 출판하는 모든 작업이 이런 맥락에 맞닿아 있다"고 설명했다.

영국의 소프트웨어 전문가 육성 정책

    영국, 아일랜드, 에스토니아. 척박한 자연환경이 최대 걱정거리인 국가에 정보화 산업 육성은 피할 수 없는 선택과도 같았다. 특히 소프트웨어의 필요성에 대해 누구보다 빨리 절감하는 계기가 됐다. 아일랜드 개발청은 1970년대 소프트웨어 산업을 국가 적합 산업 분야로 선정하고 신규 소프트웨어 기업을 대상으로 투자 유치를 벌여 크게 성공했다. 영국은 유럽 최고의 정보통신기술(ICT)과 최대 규모 ICT 시장을 동시에 지닌 나라로 부상했다. 영국은 공공부문 ICT에 매년 총 180억 파운드를 투입할 정도로 이 분야에 주력한다. 얼리어답터(조기수용자)군의 영국 소비자들은 ICT 관련 기술과 제품을 구매하기 위해 매년 1,400억 파운드를 지갑에서 꺼낼 정도다. 소프트웨어, IT 서비스 분야 시장 규모도 580억 파운드에 달한다. 이 정도 규모면 매년 2,500개 신사업 기회와 7만 8,200개 일자리 창출 효과가 생긴다는 게 현지 업계의 관측이다.

영국 전역에는 10만 명의 소프트웨어 전문가가 분포해 있다. 그래서 최고 실력자들이 모이는 '사이버 보안' 분야에서도 그 실력을 발휘하고 있다. 코트라(KOTRA) 런던무역관에 따르면 "영국의 사이버 보안 시장 규모는 28억 파운드에 이르며 휴대폰 보안 시장이 향후 2~3년 내 가장 큰 시장이 될 전망"이라고 설명했다.

하지만 무엇보다도 마이크로소프트(MS)나 HP와는 다른 '틈새시장'을 노린 강소 소프트웨어 기업이 국가 경제에 이바지하고 있다는 점이 한국에 가장 큰 시사점을 준다. 틈새시장을 잘 공략한 강소 소프트웨어 기업으로는 세이지그룹과 미시스가 꼽힌다. 두 회사 모두 기업 간 거래(B2B) 소프트웨어 프로그램으로 많은 돈을 벌었다. 1981년 설립된 세이지그룹은 ERP와 회계 서버 등 기업의 살림을 책임지는 소프트웨어를 팔면서 실력을 인정받았다.

1979년 문을 연 미시스는 금융서비스와 헬스케어 산업 기관에 통합 솔루션을 제공하는 기업이다. 이 회사는 디지털차이나, IBM, SAP 등과 파트너십을 맺고 소프트웨어 역량을 지속적으로 키워왔다. 세이지그룹과 미시스의 공통점은 특정 분야 소프트웨어 경쟁력을 끌어올리기 위해 해당 분야 전문회사에 대한 공격적인 인수·합병도 불사했다는 점이다. MS 런던지사에서 만난 허그 밀러드 필(PiL, MS의 정보격차 해소를 위한 글로벌 프로그램) 담당자는 "영국에는 대기업 소프트웨어 벤더뿐 아니라 수십 개의 강소 소프트웨어 기업이 활약해 선순환 고리를 만들고 있다"고 말했다.

빌 미첼
영국컴퓨터협회(BCS) 교육총괄

빌 미첼 영국컴퓨터협회 교육총괄이
컴퓨터 프로그래밍 교육 방법에 대해 이야기하고 있다.

"이제는 새 프로그램 만드는 자가 성공하는 시대."
"컴퓨터 프로그래밍(코딩)은 정보통신기술(ICT) 교육의 한 과정일 뿐입니다.
배우는 이들에게 동기를 부여하는 것이 무엇보다 중요합니다."
'영국컴퓨터협회(BCS)'의 빌 미첼 교육총괄은 2015년 BCS 본사에서 매일경
제와 만나 이같이 강조했다. 영국은 국가 경쟁력 강화 차원에서 소프트웨어 교
육을 강조하고 있다. BCS는 그 중심에 서 있는 비영리 독립 기관이다. 영국
은 2013년부터 BCS를 중심으로 초·중등 컴퓨팅 교육 표준 모델을 마련하고
2014년 가을부터 컴퓨팅 교육을 실시해오고 있다. 잉글랜드 지역부터 서서히
전역에 이 교육 방침을 확대할 계획이다.

미첼 교육총괄은 이전의 영국 정보화 과목이 워드나 파워포인트 등 소프트웨어 제품을 활용하는 기술에만 초점이 맞춰져 있었다고 말했다. 그는 "이미 세계는 기존 프로그램이 아닌 새로운 프로그램을 만드는 자가 성공하는 시대가 됐다"며 "상상력을 컴퓨터로 구현하는 일은 누군가만의 특별한 기술이 아니게 된 것"이라고 설명했다. 아는 것과 사용하는 것은 다르다는 게 영국 컴퓨터 교육의 핵심이기도 하다.

BCS는 영국 교육당국과 긴밀히 협력해 컴퓨터 교육을 담당할 교원도 육성하고 있다. 2015년 까지 지난 2년 동안 소프트웨어 과목을 가르치고자 하는 교사를 위해 900여 개의 워크숍을 열기도 했다.

처음 컴퓨터 프로그래밍을 정규교육 과정에 도입한다는 얘기가 나왔을 때 반대 의견도 물론 존재했다. 하지만 영국 정부는 모두를 설득하기보다는 "세계적인 대세를 따라야 한다"며 당위를 부여했다. BCS는 이 과정에서 영국 내 훌륭한 대학과 접촉하며 효과적인 컴퓨팅 교육을 고민했다.

이러한 사회 분위기에 따라 컴퓨터공학을 전공하려는 학생들도 크게 늘었다. 2014년에는 4,000명 수준이었던 것이 2015년 8,000명을 넘어섰다.

한국에서도 2017년부터 컴퓨터 프로그래밍을 공교육 차원에서 실행하려 하고 있다. 일각에서는 대입수능시험에 코딩을 넣자는 의견도 나온다.

이에 대해 미첼 교육총괄은 "코딩만 따로 수능에 반영하는 것보다는 소프트웨어 전반에 대한 학생들의 이해도를 높이는 데 초점을 둬야 한다"며 "점수를 매기기 전 학생들에게 소프트웨어 교육을 통해 얻을 수 있는 확고한 비전을 심어주려는 노력부터 선행돼야 한다"고 조언했다.

그는 소프트웨어 커리큘럼과 관련해서도 학교 내 교사에게 재량권을 줘야 한다는 말도 덧붙였다. 교육당국의 일괄적인 방침을 따르기보다 학생들의 수준과 동기에 맞춰 가장 효율적인 방법으로 시행해야 한다는 것이다. 그러기 위해서는 학생과 가장 접점이 있는 교사에게 교육 방법을 고민하게 해야 한다는 얘기다.

영국 컴퓨터 프로그래밍 비영리 단체인 코드클럽에서 일하는 로렌 하임스는 원래 역사 선생님이었다. 하지만 1년여 전 코딩에 흥미를 느껴 배운 뒤 코딩을 가르치는 코드클럽 교사로 자원했다. 이곳에서 하임스는 MIT에서 만든 스크래치와 높은 수준의 HTML을 지역사회 학생들에게 가르치고 있다. 코드클럽 프로(코드클럽의 선생님)들은 방과 후 학교에 코딩교실을 열고 매주 1회 교육을 실시하고 있다. 코드클럽은 교사도 재교육한다. 2015년 현재 영국의 교사 900명이 코딩을 가르치기 위한 교수법을 배우고 있다. 2014년 하반기부터 정식 과목이 된 정보통신기술(ICT)을 제대로 가르칠 교원을 심층적으로 양성하고 있는 것이다. 그 과정을 거친 하임스는 "코드클럽에 온지 5개월이 지났는데, 역사 선생으로 아이들을 가르칠 때나 코딩을 가르칠 때나 책임감과 보람을 느낀다"고 말했다. 코드클럽 방과 후 학교에 참여하는 인원은 1,500명으로 자원봉사자가 대다수다. 이들 가운데 유명한 소프트웨어 엔지니어도 어렵지 않게 찾아볼 수 있다. 코드클럽은 비영리 기관이기에 정부 기금 등으로 운영된다.

코드클럽은 영국 내 성공에 힘입어 전 세계 국가에 진출하고 있다. 코드클럽 커뮤니티를 세계적으로 확장하자는 게 목표다. 한국 서울에도 얼마 전 코드클럽 오피스가 생겨났다.

프레야 코드클럽 국제관계 담당자는 "세계 모든 아이들이 컴퓨터 프로그래머가 돼야한다는 것은 아니지만 정보 격차 없이 모두가 코딩을 접해볼 수 있는 환경을 만드는 것은 중요한 문제"라고 말했다.

허그 밀러드
마이크로소프트 글로벌 정보격차해소 담당자

허그 밀러드 마이크로소프트 글로벌 정보격차해소담당자가
디지털 사고의 중요성에 대해 설명하고 있다.

"민간기업의 노하우, 동참으로 수월성 있는 코딩 교육."

"소프트웨어 개발자 양성에 산학연계 프로그램이나 직업교육과 같은 단편적인
정책도 필요합니다. 하지만 보다 장기적인 안목이 선행돼야합니다."

허그 밀러드 영국 마이크로소프트(MS) 정보격차해소 담당자의 일성이다.

런던 MS 사무실에서 만난 밀러드 담당자는 "소프트웨어 개발자 양성이 아니
라 어려서부터 디지털 사고를 할 수 있는 인재를 길러내는 것을 국가의 목표로
설정해야한다"고 조언했다. 영국 정부는 2013년 9월 '어린이를 위한 컴퓨터교
육 가이드라인'을 발표하고 2014년 9월부터 초등학교 내 코딩 교육을 실시하
고 있다. 2014년을 '코딩의 해'로 지정하고 교육 확산을 위한 캠페인도 대대적

으로 벌였다. 특히 이러한 움직임 가운데 MS가 민간 기업을 주도하며 적극 동참하고 있다. 이 회사는 인간 생애주기에 맞게끔 디지털 교육을 구성하고 특히 어린 나이부터 컴퓨터 프로그래밍과 코딩을 자연스럽게 받아들이게 하기 위해 노력하고 있다.

영국의 움직임에 따라 벨기에, 체코공화국, 에스토니아, 핀란드, 헝가리 등이 코딩 교육과 산업의 연계, 디지털 교육에 대한 근본적인 변화를 진행 중이다.

허그 밀러드 담당자는 "물론 초등학생들이 데이터 구조나 알고리즘을 완전히 이해할 수는 없지만 이런 과정을 통해 어린 시절부터 '컴퓨터와 같은 사고방식'에 익숙해져 간다"고 말했다. 이를 통해 미래 사회 구성원이 될 아이들이 좀 더 많은 기회를 접하게 될 수 있다는 게 그의 생각이다. 밀러드 담당자는 "어린이를 위한 MS의 코딩 교육은 프로그래밍의 전체 과정을 가르치진 않는다"며 "데이터 구조나 알고리즘에 대한 이해 없이도 소프트웨어를 통해 간단한 게임을 만드는 등 흥미를 돋우는 방식으로 구성돼 있다"고 설명했다. 과거에는 컴퓨터 공학이 전공생의 영역이었으나 이제는 코딩을 통한 사고의 전환을 어릴 적부터 경험하고 프로그래밍의 세계로 유도해야한다는 것이다.

영국MS는 영국의 컴퓨터회(BCS)의 산하 코딩교육 커뮤니티에도 개발자들을 참여시키며 학교와의 접점을 넓혀가고 있다. 밀러드 담당자는 "산, 학, 커뮤니티가 긴밀하게 협력하는 것은 영국 사회의 오랜 전통"이라며 "소프트웨어 교육에서도 이를 적극 활용하고 있다"고 말했다.

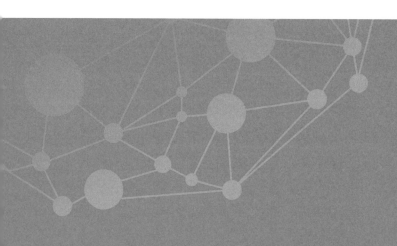

소프트웨어 **강국으로 가자**

PART 6

소프트웨어가 선사할
미래 사회

소프트웨어가 선사할 미래 사회

소프트웨어로 해결 가능한
과제 10선

소프트웨어는 상상을 현실로 만들어준다. 2015년에서 불과 20년 전만 해도 휴대폰으로 인터넷에 접속하고 회사 업무를 처리할 것이라고 생각하는 사람은 거의 없었다. 당시 몽상가들은 이를 꿈꿨고 소프트웨어를 활용해 그 꿈은 현실이 됐다. 한국 사회가 당면한 문제도 소프트웨어를 활용하면 상당 부분 해결할 수 있다. 매일경제 소프트웨어 기획취재팀은 전문가들 도움을 받아 소프트웨어로 해결 가능한 우리 사회 문제와 소프트웨어가 바꿔놓을 모습 중 대표적인 10가지를 뽑아서 소개한다.

1 - 제2의 메르스를 막는다

소프트웨어는 '중동호흡기증후군(메르스)'의 확산을 예방하는데도 적용할 수 있다. 한국과학기술연구원(KIST) 계산과학연구단은 2009년 전 세계를 떠들석하게 했던 '인플루엔자(H1N1)' 감염자가 공항을 통해 입국했을 때 바이러스가 어떻게 퍼질 수 있는지를 소프트웨어를 이용해 계산했다. 사람의 행동과 움직임, 사람간의 접촉 횟수 등을 분석해 전파경로를 미리 알아내는 것이다. 현재 연구진은 농림수산검역본부, 건국대 수의대 등과 함께 조류독감에 대한 연구를 진행하고 있다. 김찬수 KIST 연구원은 "메르스의 질병 특성을 파악한 뒤 이 정보를 토대로 시뮬레이션 연구도 가능하다"며 "이런 연구들이 쌓이면 제 2의 메르스 사태를 예방할 수 있다"고 말했다.

유전체 변이를 분석하는 소프트웨어를 활용하면 바이러스가 어떻게 전파되는지를 파악하는 역학 조사도 가능하다. 천종식 서울대 생명과학부 교수는 "동선을 파악하는 현재의 역학조사와 달리 감염자의 바이러스 유전체 서열을 분석하면 어떻게 감염이 이뤄졌는지 알아낼 수 있다"며 "생물정보학을 통해 바이러스 확산에 대한 중요한 정보 제공이 가능하다"고 말했다. 김정은 서울대 간호학과 교수는 "심각한 병원사례의 경우 병원간 정보를 공유하는 국가주도 시스템이 만들어져야 한다"며 "원격 화상 병문안, 간호사 지원

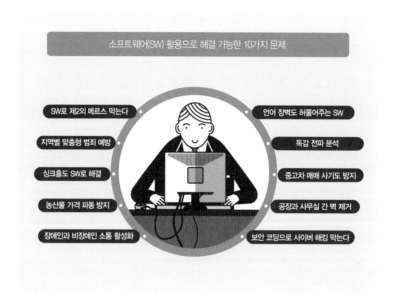

소프트웨어(SW) 활용으로 해결 가능한 10가지 문제

SW로 제2의 메르스 막는다
지역별 맞춤형 범죄 예방
싱크홀도 SW로 해결
농산물 가격 파동 방지
장애인과 비장애인 소통 활성화

언어 장벽도 허물어주는 SW
독감 전파 분석
중고차 매매 사기도 방지
공장과 사무실 간 벽 제거
보안 코딩으로 사이버 해킹 막는다

로봇 시스템 등도 제2의 메르스 확산 방지에 도움이 될 수 있다"고 말했다.

2 – 소프트웨어 활용하면 독감 전파도 분석

2009년 전 세계를 공포에 떨게 했던 '인플루엔자A(H1N1)' 감염자 10명이 서울 시내에 나타났다. 이들은 감염 사실을 모른다. 약간의 감기 증상만 느꼈을 뿐이다. 평소와 똑같이 아침에 일어나 버스와 지하철을 타고 출근을 하고 저녁에 집으로 돌아왔다. 백신 접종 없이 51일이 지났다. 서울시의 감염자수는 약 6만 8,000명으로 늘어났다.

이는 2014년 한국과학기술연구원(KIST) 계산과학연구단이 내놓은 서울시 H1N1 독감 전파 시뮬레이션 결과다. H1N1은 1918년 전 세계적으로 2,000만 명의 목숨을 앗아갔던 '스페인 독감'과 같은 바이러스다. 2009년 다시 유행했을 때는 전 세계에서 약 57만 명이 사망한 것으로 알려졌다. 우리나라도 2009년 240여 명이 H1N1 감염으로 인한 합병증으로 목숨을 잃었다.

연구팀은 H1N1 바이러스가 다시 창궐했을 때를 대비해 서울시에서 바이러스가 어떻게 퍼져나가는지 분석하기로 했다. 정확한 감염률 파악을 위해 사람의 속성과 행동 양식을 토대로 한 시뮬레이션 기법을 개발했다. 바이러스가 사람 간의 접촉으로 감염되는 만큼 개개인의 상호 작용과 환경이 H1N1의 전파에 큰 영향을 미치기 때문이다.

이를 위해 연구팀은 원자와 분자의 움직임을 예측할 때 사용하는 '분자 동역학 기법'을 사람에게 적용했다. 분자 동역학은 개개의 원자들이 뉴턴의 운동 방정식에 따라 움직인다는 가정 하에 일어날 수 있는 변화를 알아내는 시뮬레이션 기법이다. 김찬수 KIST 연구원은 "원자가 모여 하나의 재료가 되듯이 사람이 모여 사회가 된다"며 "분자 동역학 기술을 이용, 사람의 행동이 사회에 미치는 영향을 파악할 수 있는 '행위자 기반 시뮬레이션'을 개발했다"고 말했다.

원리는 간단하다. 사람의 행동을 원자의 움직임과 대응시켜 나가면 된다. 가령 사람이 대중교통을 이용해 이동하는 것은 원자 수십 개가 한꺼번에 움직일 때 일어나는 변화와 같다. 바이러스에 감염이 잘 되는 노약자나 어린 아이는 다른 원자와 결합이 잘 되는 원자로 바꿔주면 된다.

연구팀은 서울에 사는 사람들의 행동 패턴을 알기 위해 출퇴근 시간 지하철 혼잡도, 대중교통 이용 인구, 동 별 연령대 분포 등 바이러스 전파에 영향을 미칠 수 있는 모든 자료를 끌어 모아 시뮬레이션에 넣었다. H1N1에 감염된 사람과 100번 접촉하면 27번 바이러스가 옮는 감염률도 함께 고려했다.

분석 결과 서울시에 10명의 H1N1 감염자가 나타났을 때 백신 접종이 없다면 51일 뒤 최대 6만 8,000여명이 바이러스에 감염되는 것으로 나타났다. 하지만 바이러스 감염에 취약한 65세 이상 노인과 8세 이하 유아에 대한 접종을 실시했을 때는 감염자수가 3만 8,000여명으로 떨어졌다. 백신 접종 뒤 서울시 인구 모두가 사람 간 접촉이 적은 자가용을 이용해 출퇴근할 경우에는 감염자수가 1만 4,000여명으로 더 낮아졌다. 사람 간 접촉이 많을수록 감염률이 높아진다는 정설을 시뮬레이션을 통해 과학적으로 입증한 것이다.

독감 바이러스는 보통 4월 초까지 유행한다. 따라서 백신을 접종하지 않은 고령자나 임신부, 어린 아이 등은 시기에 맞춰 백신을 접종하는 것이 바람직하다. 백경란 삼성서울병원 감염내과 교수는 "인플루엔자로 인한 독감은 건강한 사람일 경우 문제없이 치료되지만 노인이나 만성질환을 앓고 있는 환자, 면역이 결핍된 환자에게는 합병증을 일으키고 사망을 초래하기도 한다"며 "예방접종과 함께 손을 자주 씻는 등 청결한 생활을 하는 것이 좋다"고 말했다.

김찬수 연구원은 "개인의 행동 패턴 변화에 따라 감염률이 큰 차이가 났다"며 "분석 결과는 국가적으로 비상사태가 발생했을 때 유용하게 활용할 수 있을 것"으로 기대했다.

3 - 사이버해킹은 보안코딩으로

지난 2012년 11월 27일, 미국 소매업체 중 두 번째로 큰 '타겟' 매장에 설치된 단말기가 해킹돼 개인정보 7,000만 건, 카드정보 4,000만 건이 빠져나가는 사건이 발생했다. 이때 빠져나간 개인정보는 암시장에서 거래되거나 신용카드를 위조하는데 사용됐다. 현재 타겟이 배상해야 하는 금액은 약 3조 8,000억 원으로 추정되고 있다.

스마트폰과 일반 PC가 대중화되고 언제 어디서나 인터넷을 접속

할 수 있는 환경이 만들어 지면서 '시큐어 코딩'과 같은 정보보호 산업에 대한 수요가 점점 커지고 있다. 사이버해킹도 소프트웨어를 통해 예방할 수 있다. 시큐어 코딩이란 해킹 등 사이버 공격의 원인으로 꼽히는 보안 취약점을 소프트웨어 개발 단계부터 제거, 안전한 소프트웨어를 개발하는 것을 말한다. 이미 미국과 같은 나라는 2011년부터 소프트웨어개발 전 과정에서 시큐어 코딩과 같은 보안 강화를 권고하고 있다.

우리나라도 최근 소프트웨어 보안취약점을 이용한 잦은 사이버 공격이 감행되면서 시큐어 코딩에 대한 관심이 높아지고 있다. 시장조사기관 가트너의 자료에 따르면 전체 사이버 공격의 75%가 소프트웨어 보안 취약점을 이용하고 있는 것으로 나타났다. 지난 2011년 일본의 소니는 소프트웨어 취약점으로 인해 7,700만 명의 개인정보가 유출되는 사고를 겪기도 했다. 윤주범 세종대 정보보호학과 교수는 "시큐어 코딩과 같은 분야는 최근 중요성이 더해지고 있다"며 "미리 준비한다면 피해를 최소화 할 수 있다"고 말했다.

4 - 싱크홀 막자

싱크홀 문제도 소프트웨어로 해결할 수 있다. 2010년 이후 서울시에서 발생한 싱크홀은 3,000건이 넘는다. 싱크홀은 지반이 힘을 이겨내지 못하고 무너지는 것을 말하는데 지하에 상하수도관과 지하철, 건물 등 복잡한 구조물이 얽혀 있어 이런 현상이 갈수록 빈번해지고 있다. 싱크홀 예방도 소프트웨어를 활용하면 가능하다. 싱크홀 예방을 위해 한국전자통신연구원(ETRI) UGS융합연구단에서는 지하 공간에 대한 다양한 데이터를 수집 분석하는 기술을 개발하고 있다. 이인환 ETRI 지능형 시물인터넷(IoT) 단말연구실장은 "지하공간도로함몰 안심지수 제공에 분석 소프트웨어기술이 핵심"이라고 설명했다.

5 - 소프트웨어로 범죄예방

소프트웨어를 활용하면 범죄를 맞춤형으로 예방하는 것이 가능해진다. 경찰청에 따르면 도시별로, 한 도시 내부에서도 구역별로 발생하는 범죄 유형이 다른 경우가 많다. 강도나 절도 사건이 많은 곳이 있고, 성추행이나 성폭력 같은 사건이 빈번한 구역도 있다. 경찰청 관계자는 "소프트웨어를 활용해 데이터를 구축하고 통계수치를 분석하면 도시별 구역별로 범죄 관련 슈퍼 빅데이터 를 만들어 범죄를 예방할 수 있다"고 말했다.

6 - 배추가격 폭등도 소프트웨어가 막아준다

2015년 1~6월 사이에 배추 가격이 3배 가까이 폭등했다. 정부는 농산물 수입과 농가 계약재배 물량을 늘려서 해결할 계획이다. 그러나 소프트웨어를 제대로 활용하면 이 같은 농산물 가격 파동을 상당 부분 미리 막을 수 있다. 농민들이 스마트폰으로 2015년 지을 농산물 종류나 재배면적 등을 제대로만 입력한다면 농산물 공급 상황을 미리 파악할 수 있기 때문이다.

7 - 장애인과 비장애인의 장벽 낮추자

소프트웨어는 장애인과 비장애인의 의사소통을 돕거나 장애인들의 편의를 도와주는데도 활용이 가능하다. 시각장애인을 위한 스마트폰, 청각 장애인을 위한 수화 어플리케이션 등이 그것이다. 2015년 미래창조과학부가 개최한 소프트웨어융합 해카톤 대회에서는 이같은 아이디어를 소프트웨어에 접목시킨 다양한 어플리케이션이 개발돼 눈길을 끌었다. 음성을 인식해 이를 수화로 바꿔주는 프로그램을 개발한 황인아(29세) 씨는 "스마트폰이 소리를 자동으로 인식해 플래시를 터트리거나 진동을 울려 청각 장애인들이 편리한 삶을 살 수 있도록 도와줄 수 있다"고 말했다.

8 - 언어 장벽 낮추는 소프트웨어

소프트웨어는 국가 간 언어 장벽을 낮추는데도 활용될 수 있다. 소프트웨어로 만든 어플리케이션이 있으면 기본적인 의사소통이 가능하기 때문이다. 실례로 ETRI가 개발해 기술이전한 '지니톡'은 스마트폰에서 한국어와 중국어·일본어·영어 간 자동 통역 서비스를 제공하는 어플리케이션이다. 인식하는 단어 수는 10만 여 개나 되고, 음성인식률과 자동통역률이 각각 90%, 80%에 달한다.

2018년 평창동계 올림픽이 열리는 날에는 7개 국어까지 확장될 전망이다. 통·번역시스템은 여러 분야에서 활용도가 높다. 관광객 유치용은 물론이고 통역시스템을 사내에 구축하면 비즈니스는 물론 일상생활에서 간단한 의사소통을 방해하는 언어장벽을 없앨 수 있다.

9 - 중고차 매매 사기 해결사

허위 매물 등 중고차 매매 사기도 소프트웨어로 해결 가능하다. 중고차 정보회사는 검증된 정식 중고차 딜러들이 판매하는 매물에 대해서만 다음 같은 인터넷 사이트에 매물 정보를 제공해 허위 매물을 차단하고, 여기에 보험개발원의 사고이력 조회 서비스를 활용해 판매되는 모든 차량에 대한 실차 인증과 무료 사고이력 조회를 제공하면 계기판 조작 등도 원천 봉쇄할 수 있다.

10 - 공장과 사무실 간 벽을 깨라

소프트웨어는 공장과 사무실 간 벽도 제거해준다. 현재 일부 기업을 제외하곤 대부분 회사들에선 공장장이 생산현장에 관한 보고서를 엑셀 형태로 정리하면 담당 임원이 이를 경영진에게 보고하는 방식이다. 하지만 생산현장과 일반경영 솔루션이 하나로 연결되면 최고경영자(CEO)가 사무실 PC나 스마트폰을 통해 언제 어디서나 공장 데이터까지 포함된 모든 경영 정보를 실시간으로 받아볼 수 있어 최적의 빠른 의사결정을 내릴 수 있다.

소프트웨어 오프라인 접목
성공사례

　KT는 농림축산식품부와 함께 빅데이터 분석으로 농가에 막대한 피해를 발생시키는 조류 독감 확산 방지를 위해 노력하고 있다. KT기지국 통계 데이터와 농식품부의 소프트웨어인 국가동물방역통합시스템을 융합해 조류 독감 확산이 사람과 차량의 이동과 어떤 연관이 있는지 분석하고 선제적 방역이 시급한 지역을 예측해 확산 대응에 나서는 것이다. 양측은 2015년 내에 상용화를 목표로 구슬땀을 흘리고 있다.

　이동필 농림축산식품부 장관은 "농장을 출입하는 축산차량의 출입정보(GPS)를 실시간으로 수집·활용하는 방역시스템을 구축하여 역학조사시간을 대폭 단축(과거 농장당 평균 20시간→현재 4시간)하였으며, 앞으로 빅데이터 등 최신 정보통신기술을 활용한 정부3.0을 통해 창조적인 농정 실현을 적극 추진해 나갈 계획"이라고 말했다.

황창규 KT 회장도 "사회 전반에 걸쳐 정보통신기술 인프라를 활용해 각종 재해·재난에 대응하고 이를 사전에 감지·예방할 수 있는 시스템을 개발하는 데 적극 나설 것"이라고 강조했다.

농장에 적용하는 '스마트팜'도 전통적인 산업에 소프트웨어를 접목시켜 새로운 부가가치를 창출한 사례로 꼽힌다. 스마트팜은 사물인터넷 기술을 농업분야에 적용한 것으로 농업인들이 작물재배 현장에 직접 가지 않고도 스마트폰으로 원격 재배 관리할 수 있도록 해주는 시스템을 말한다. 고령화에 따른 농촌문제 해결에 기여할 수 있는 스마트팜은 이미 여러 곳에 적용되고 있다. 충남 천안시 서북구 성환읍의 '풍일농장'은 양돈 분야에 스마트팜을 적용했다. 1만㎡에 이르는 농장 내 관리실, 돈사 내 온도·습도·화재 관리기, 사료 저장고, 폐쇄회로 CCTV 등이 스마트폰과 하나의 시스템으로 연결돼 있다.

2,000여 마리에 이르는 돼지를 기르는 돈사의 온도, 습도, 화재 감지 등도 모두 스마트폰으로 24시간 모니터링된다. 전라남도 농업기술원이 운영 중인 화순의 토마토 농장도 스마트팜을 활용해 생

산량을 높였다. 농업기술원은 화순 토마토 농장은 온도와 습도 등 환경정보와 농가에서 축적한 생육정보 등을 분석한 컨설팅을 실시해 생산량은 40% 이상 끌어올렸다.

세계 1위를 달리고 있는 조선업도 소프트웨어의 가치를 인정, 선박에 소프트웨어를 적용하는 기술을 숨가쁘게 개발하고 있다. 현대중공업은 선박에 각종 소프트웨어와 정보통신기술을 접목한 '스마트십'을 개발, 2011년 개발 뒤 181척의 스마트십을 수주했다. 육지에서도 선박의 엔진은 물론 각종 시스템의 정보를 위성을 통해 모니터링할 수 있다. 특히 선주들의 마음을 빼앗은 것은 유지보수가 무선으로 가능하다는 점이다. 김흥남 한국전자통신연구원 (ETRI) 원장은 "소프트웨어는 우리 삶을 한층 편리하게 도와주고 기존 패러다임을 바꿀 수 있는 도구가 될 수 있다"고 말했다.

청년실업 해소의 실마리
소프트웨어 교육

청년실업이 가장 큰 사회문제로 떠올랐다. 고용노동부에 따르면 2014년 자격증이나 어학연수 등 취업 준비를 위해 휴학을 한 학생이 44만 8,000명에 달했다. 졸업 후 취업까지는 평균 1년 이상 걸린 것으로 나타났다. 2015년 5월 15~29세 청년 실업자는 약 41만 명, 실업률은 9.3%로 1999년 6월 통계 기준 변경 후 역대 최고치다. 모든 연령대를 합친 평균 실업률(3.8%)을 2.5배 웃돌았다. 이처럼 심각해지는 청년실업문제를 해결할 대책 중 하나가 소프트웨어 교육이다.

갈수록 산업이 고도화되면서 소프트웨어 인력은 부족한 실정이

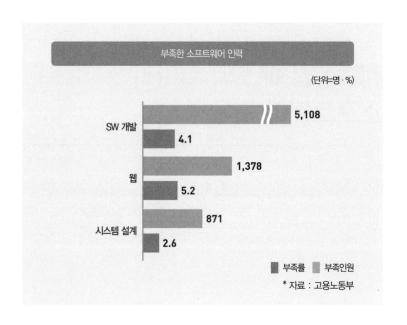

부족한 소프트웨어 인력

(단위=명·%)

SW 개발 5,108
4.1

웹 1,378
5.2

시스템 설계 871
2.6

■ 부족률 ■ 부족인원

* 자료 : 고용노동부

다. 고용부에 따르면 2014년 기준으로 소프트웨어 개발 전문가는
필요한 인력보다 5,108명 가량(부족률 4.1%) 부족한 것으로 집계
됐다. 또한 웹 전문가는 1378명(5.2%), 컴퓨터시스템설계 전문가는
871명(2.6%)이 부족한 것으로 나타났다. 대한상의 관계자는 "삼성
그룹과 LG그룹 각 계열사들이 해외에서 채용한 소프트웨어 인력
만 각각 2만 명과 1만 5,000명 이상으로 알고 있다"며 "제대로 된
교육을 받은 인력이 국내에서 양성되면 한국인이 상당 부분 이들
을 대체하게 될 것"이라고 말했다.

이에 따라 고용부는 2015년 6월 24일 인문계 전공자를 대상으

로 소프트웨어 분야 기술 교육 훈련을 주요 내용으로 하는 인문계 전공자 취업 촉진 방안을 발표했다.

이 방안에 따르면 취업을 앞둔 인문계 전공자들이 소프트웨어, IT 등 분야 엔지니어로 클 수 있도록 청년취업아카데미, 국가기간 전략직종훈련 등에 빅데이터 소셜마케팅 전문인력 양성과정, 오라클 빅데이터 실무역량 강화과정, 모바일소프트웨어융합형 인터랙티브 문화콘텐츠 개발전문가 과정 등을 개설해 교육한다. 4,000명가량을 대상으로 교육을 진행하며 추가적인 수요가 있으면 규모를 확대한다.

또한 인문계 학생의 이공계 분야 복수전공 선택이 확대되도록 유도하고, 학제 간 교육과 산학협력으로 융합인력 양성에도 주력하기로 했다.

아울러 고용부는 청년취업아카데미라는 취업 지원 프로그램을 통해 인문계 등 비전공자를 대상으로 IT 소프트웨어 분야 특화 연수 과정을 강화하고 나섰다. 고용부 관계자는 "인문계 전공자를 크게 나눴을 때 성적이 좋은 상위 30%는 본인 전공을 살리거나 공무원 시험 등을 준비하고 하위 20%는 사실상 취업 포기자인 만큼 정부에서는 중간 50%를 소프트웨어 훈련을 포함한 직업교육을 실시할 타깃 계층으로 보고 있다"고 밝혔다.

기업도 팔을 걷어 붙였다. SCSA(삼성컨버전스 소프트웨어 아카데미)가 대표적인 사례다. 삼성 SCSA는 인문계 졸업생을 소프트웨어 엔지니어로 육성하는 프로그램이다. 2013년 7월 1기 선발을 시작해 2014년까지 1,200명의 엔지니어를 키워냈고 2015년 상반기에도 200명을 선발했다.

또한 삼성전자는 대학생 예비 소프트웨어 개발자를 발굴해 잠재능력을 마음껏 발휘힐 수 있도록 지원하는 '삼성소프트웨어멤버십'도 운영하고 있다.

고평석 스마트에듀 대표는 "디지털 시대엔 다른 사람들이 짜놓은 대로만 따라가기엔 위험이 크고 보람도 작으며, 소프트웨어 제작에 대한 마인드가 있어야 주체적 삶을 살 수 있다"고 설명했다.

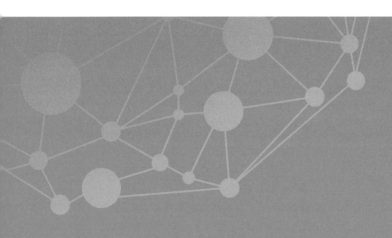

소프트웨어 <u></u>**강국으로 가자**

PART 7

'소프트웨어 강국'
매일경제 10대 제언

'소프트웨어 강국' 매일경제 10대 제언

'소프트웨어 강국'을 위한 10대 제언

매일경제가 국내외 소프트웨어 분야 전문가를 상대로 설문조사와 함께 시리즈가 게재되는 동안 받은 독자들의 의견을 토대로 한국이 소프트웨어 강국으로 도약하기 위해 꼭 필요한 10가지 어젠다를 선정했다. 어젠다들은 정부, 기업, 교육기관 등 사회의 핵심 주체들이 구체적으로 해야 할 일에 집중됐다. 전문가들은 정부에 강력한 소프트웨어 육성 정책을 요청하는 동시에 기업은 글로벌 수준의 소프트웨어 개발 역량을 키우고 대학 등 교육기관은 역량 있는 소프트웨어 인재 양성에 전력을 다할 것을 한 목소리로 말했다.

'소프트웨어강국' 매일경제 10대 제언

1. 정책 총괄할 소프트웨어위원회 설립
2. 소프트웨어 인재 병역특례
3. 오픈소스로 소프트웨어 경쟁력 증대
4. 정부의 소프트웨어 벤처 M&A 활성화 지원
5. 코딩의 토익 시험 만들자
6. 개발자에게 투드랙을 허하라
7. 소프트웨어 명장 제도 도입
8. 정부 취업 재교육에 고급 소프트웨어 포함
9. 소프트웨어 게임 키워 '제2의 김정주' 만들자
10. 공무원시험 소프트웨어 과목 포함

1 - 정책 총괄할 소프트웨어위원회 설립

낡은 산업구조를 소프트웨어 중심으로 바꾸고 소프트웨어 중심 사회 구축을 위해서는 대통령 직속의 소프트웨어진흥 컨트롤타워가 필요하다. 전문가들은 우리 경제가 소프트웨어 중심으로 가야 한다는 공감대는 확산됐으나 소프트웨어 정책이 부처별로 산발적으로 쏟아져 집중도가 떨어진다고 지적한다. 이에 따라 미래창조과학부와 학계가 참여한 '민관합동 소프트웨어 테스크포스(TF)'를 발전시켜 민간기관, 학계, 정부가 합심할 강력한 주체로 만들어야 한다고 조언한다. 이들은 "소프트웨어 관련 국가의 정책과 제도를 총괄하고 각 부처의 소프트웨어 분야 업무를 조정할 소프트웨어발전위원회를 대통령 직속기구로 신설해야 한다"고 입을 모았다.

특히 전 부처에 산재한 국가사회정보화 기능을 종합적으로 기획하고 조정 통제할 컨트롤타워로 청와대에 수석실을 개설하는 것을 검토해볼 수 있다.

또 각 부처의 정보화담당관실을 정보화국으로 격상해 최고의사결정권자를 직접 보좌할 수 있도록 해야할 것이다. 이런 과정이 선행돼야 정부가 정보기술(IT)와 소프트웨어를 기반으로 대국민, 대기업 서비스를 획기적으로 혁신할 수 있다. 한 전문가는 "공무원 조직별 전체 인력의 5분의 1을 IT와 소프트웨어 엔지니어로 확대해야할 것"을 주문하기도 했다. 외부 전문가 영입과 더불어 공무원 조직에서도 전문성을 확보해 가야한다는 얘기다.

또 정부 아래 국책연구기관(한국정보화진흥원. 정보통신산업진흥원 등)의 전면적인 혁신도 병행돼야 한다.

2 - 소프트웨어 인재 병역특례

2015년 기준 지난 2년간 마이스터고와 특성화고 출신으로만 산업기능요원을 선발한 결과 정보통신융합기술(ICT) 관련 학과 대학생들은 단 한 명도 산업기능요원이 되지 못했다. 일반고등학교를 나왔기 때문에 우선 대상에서 배제됐기 때문이다. 다행히 내년부터는 이 규제가 풀리게 된다. 이에 따라 소프트웨어 엔지니어들을 포함해 연간 200~300명의 대학생이 현장 감각을 익히는 병역특례 혜택을 받게 된다. 소프트웨어 기술 발전이 빨라지면서 병역기간(2년)을 심도 있게 활용하면 국가 경제와 안보에도 보탬이 될 수 있다는 게 전문가들의 의견이다.

책 《소프트웨어 전쟁》을 펴낸 백일승 더하기북스 대표는 "벤처 창업에 병역특례를 줄 것이 아니라 매년 소프트웨어 개발자 2만 명을 정부가 채용하는 방식으로 병역 혜택을 줄 것을 검토해야 한다"고 조언했다. 그의 계산대로라면 5년 만에 10만 명의 소프트웨어 인력을 배출할 수 있는데, 2020년까지 필요한 소프트웨어 엔지니어의 부족 부분을 상당수 메울 수 있게 된다.

3 - 오픈소스로 소프트웨어 경쟁력 증대

영국 파이낸셜타임스는 최근 클라우드컴퓨팅, 빅데이터 분석 등 신규 분야에서 오픈소스소프트웨어(OSS) 기업의 활약상을 보도했다. 오픈소스소프트웨어 업체는 개발자 네트워크를 활용해 프로그램 코드를 짜고 사용자 기반을 구축한다. 그 이후 소비자에게 이러한 소프트웨어를 무료로 제공하면서 지원서비스와 추가 기능을 판매해 실적을 올린다. 오픈소스소프트웨어는 저작권에 구애받지 않고 개발자들이 소프트웨어 소스코드와 개발툴을 공유할 수 있다. 한 프로그램을 처음부터 끝까지 개발자가 개발하지 않아도 돼 비용과 시간이 절감되고, 개방된 소스코드 덕분에 안정적인 품질도 보장된다.

구글이나 페이스북 등은 기본적으로 자사의 수많은 소프트웨어나 연구결과물을 오픈 소스로 제공하고 있다. 미국의 벤처캐피털도 2014년 37개 오픈 소스 전문기업에 투자할 정도로 오픈 소스 자체도 투자가치가 높다고 인정받는 부문이기도 하다.

4 - 정부의 소프트웨어 벤처 M&A 활성화 지원

인공지능 소프트웨어 전문가인 리처드 신 씨는 한국에서 관련 사업을 하다가 접고 2011년 미국 실리콘밸리로 건너갔다. 그가 미국을 선택한 이유는 소프트웨어 시장이 한국보다 크다는 것도 있지만 투자자를 모집하기가 한국과는 비교도 할 수 없을 만큼 좋은 환경이기 때문이었다. 그는 미국행 3년 만인 지난 2014년 CES에서 인공지능 로봇으로 혁신상을 수상했다.

매일경제는 소프트웨어 벤처가 밀집해있는 판교 테크노밸리에 소프트웨어 벤처와 투자자가 정기적으로 만날 수 있는 공간인 '투자

미팅홀'을 만들 것을 제안한다. 이곳에서 소프트웨어 벤처는 자신들이 개발한 소프트웨어에 대한 자세한 내용을 투자자에게 설명을 함으로써 투자 유치를 꾀할 수 있다. 투자자는 요즘같은 저금리 시대에 전도유망한 소프트웨어 벤처를 손쉽게 발굴할 수 있는 장점이 있다.

소프트웨어 벤처와 투자자를 연결하는 시장 형성과 더불어 소프트웨어 벤처 M&A 시장 활성화를 위한 정부의 과감한 지원도 필요하다. 예를 들어, 대기업이 유망한 소프트웨어 벤처를 인수할 경우 정부가 대기업에 세제혜택 등 인센티브를 부과함으로써 소프트웨어 M&A시장 확대를 유도할 수 있다. 이는 우리나라 대기업들이 소프트웨어 벤처의 기술을 베끼는 것을 막고 구글 같은 글로벌 소프트웨어로 성장하는 발판이 될 수 있다.

5 - 코딩의 토익 시험 만들자

국내 굴지의 전자업체 A사는 2015년 소프트웨어 인재 500명을 채용했다. 그러나 A사는 이들을 곧바로 업무에 투입하지 않았다. 신입사원들은 대부분 소프트웨어 전공학과 졸업생이지만 코딩 능력이 형편없기 때문이다. A사는 막대한 비용을 들여 3개월간 특별 소프트웨어 교육을 시킨 뒤에서야 실제 업무에 투입할 수 있었다.

매일경제는 부실한 대학 소프트웨어 교육에 대한 대안으로 토익처럼 코딩 능력을 평가하는 시험을 도입할 것을 제안한다. 일부 대학에서 졸업 요건으로 일정 수준 이상의 영어 성적을 요구하듯이 전공이 소프트웨어인 대학생들은 일정 수준 이상의 코딩 능력 시험 점수를 취득해야 졸업이 가능하도록 하게 제도화하는 것이다. 이는 소프트웨어나 컴퓨터 관련 학과 졸업생이라면 최소한의 코딩 능력을 갖추자는 취지다.

이 같은 시험은 이미 해외 선진국에서는 시행 중에 있다. 대표적인 것인 영국에서 시행 중인 '코딜리티(Codility) 시험'이다. 온라인 코딩 시험인 코딜리티는 제한된 시간 내에 알고리즘을 제출하게 함으로써 코딩 능력을 평가한다. 현재 120여 개국 1,200개 이상 기업에서 활용하며 우리 기업 중엔 삼성이 대표적으로 자사 직원 평가 시 이용하고 있다.

6 - 개발자에게 투트랙을 허하라

국내 굴지의 소프트웨어 회사에 다니는 개발자 A씨(41세)는 최근 회사를 그만두고 새로운 일을 준비 중에 있다. 회사가 미래 비전이 없거나 자신이 하는 일이 싫어서가 아니다. 우리나라 기업에서 개발자는 40대 중반이 되면 더 이상 개발 일에서 손을 떼고 간부

의 길을 가거나 아니면 회사를 나가는 게 관례이기 때문이다. A씨
는 개발 일을 계속 하고 싶지만 울며 겨자먹기로 다른 일을 찾기로
결심한 것이다.

매일경제는 우리나라 기업들도 미국 등 해외 소프트웨어 기업들
처럼 개발자들에게 '투트랙'의 길을 열어둘 것을 제안한다. 즉, 개
발자가 정년까지 계속 개발 일을 하거나 간부의 길을 갈 수도 있게
허용할 필요가 있다. 미국 실리콘밸리의 경우 환갑이 다 된 소프트
웨어 개발자가 수두룩하다.

업계는 투트랙이 일반화 되면 우리나라 소프트웨어 경쟁력도 강
화될 것으로 기대하고 있다. 나이가 들어서도 개발일을 계속하기
를 선택했다면 스스로 최신 트렌드를 공부하며 내공을 쌓아올려
야지만 젊은 개발자와 경쟁할 수 있기 때문에 자연스럽게 선의의
경쟁 구도가 형성된다.

《실리콘밸리 견문록》의 저자인 이동휘 구글 소프트웨어 엔지니어
는 "미국에서 개발자들은 나이를 떼고 오로지 능력으로만 진검승
부를 해야 한다"고 전했다.

7 - 소프트웨어 명장 제도 도입

국가에서 지정하는 '소프트웨어 명장' 제도를 도입하자.

소프트웨어가 국가 경제를 이끌어 나갈 미래 먹거리임에도 불구하고 자동차 등 다른 산업에 비해 명장 제도가 유명무실하게 운영되고 있는 실정이다. 예컨대 자동차정비 명장은 지금까지 11명이 선정된 반면 소프트웨어 명장은 이름조차 없다.

대한민국 명장 제도는 지난 1986년 고용노동부 숙련기술장려법에 따라 지정이 됐고, 노동부가 고시한 22개 분야 96개 직종에서 지금까지 587명이 명장으로 선정됐다. 96개 직종 중 소프트웨어라는 직종은 없다. 소프트웨어 관련 직종으로는 컴퓨터 시스템, 정보통신, 반도체 등이 있는데 이 직종에서마저 지금까지 명장으로 선정된 경우는 두 사람밖에 없다.

소프트웨어의 중요성을 절감하는 일부 기업들은 이미 소프트웨어 명장 제도를 사내에서 운영하기 시작했다.

LG전자는 2010년 말부터 사내 소프트웨어 아키텍트 인증제도를 시행하고 있다. 소프트웨어 아키텍트는 소프트웨어의 전체적인 구조를 이해해 거시적인 관점에서 설계하는 소프트웨어 분야의 최고 인력을 지칭한다.

8 - 정부 취업 재교육에 고급 소프트웨어도 포함

그동안 정부의 취업 교육과정에서는 단순 코딩교육이 실시됐다.

그러나 이는 일자리를 못 찾은 청년들을 소프트웨어 전문가로 키워내기에는 부족하다. 소프트웨어 분야가 청년실업의 해법이 되려면 단순 코딩뿐 아니라 해외 경험이 있는 개발자를 활용해 초급부터 중·고급 소프트웨어 기술까지 배울 수 있도록 하는 여러 과정을 마련해줘야 한다. 교육 과정을 보다 심화하고 연계성 있게 실력을 쌓이기도록 지원히는 게 필요하다. 이는 청년실업 45만 명 해법의 일환이 될 수 있다는 게 업계 시각이다.

2015년 6월 정부가 인문계 전공자 취업난 해결을 위해 특화 기술 훈련과 소프트웨어를 중심으로 한 융합교육을 실시한다고 발표한 것은 큰 의미가 있다.

정부는 인문계 졸업예정자나 졸업자가 소프트웨어나 정보통신 기술훈련과정에 참여할 수 있도록 지원한다. 일반고·대학 졸업예정자나 졸업자를 대상으로 기업·사업주 단체가 직업훈련을 시킨 뒤 취업을 알선하는 청년취업아카데미에 인문계 특화과정을 두고 소프트웨어나 IT 직종 기술훈련을 시킨다. 실업자를 훈련시켜 취업으로 연결하는 국가기간·전략산업직종 훈련이나 한국폴리텍대학 비학위과정에도 인문계 특화과정을 개설할 계획이다.

9 - 소프트웨어 게임 키워 '제2의 김정주' 만들자

게임은 다른 소프트웨어 산업 분야에 비해 수익 창출 효과(영업 이익)가 크다. 모바일 게임의 경우 더 그렇다. 한국은 넥슨과 엔씨소프트 등 걸출한 게임회사를 배출한 나라지만 정부 규제와 게임에 대한 부정적인 시각 때문에 제대로 대우를 받지 못했다. 이제는 게임이 정보기술산업 혁신을 촉진하는 엔진이자 소프트웨어 개발과 콘텐츠 기획이 어우러진 진정한 '창조경제' 영역이라는 자각이 필요하다.

게임업체에 수년간 몸담았던 한 전문가는 "우리 사회 분위기가 성공한 게임업계 창업자를 제대로 대우하지 않은 점이 업계가 제목소리를 못 내게 된 원인"이라고 말했다.

게임은 정부 지원이나 대기업의 관심 없이 독자적인 생태계가 구성되며 날이 갈수록 폐쇄돼 갔다는 것이다. 특히 게임 중독 이슈와 맞물리면서 게임 산업이 세대교체를 할 시기를 놓치고 말았다는 비판의 목소리도 나온다. 선배 창업자를 중심으로 게임업계가 노하우를 공유해야 제2의 김정주와 김택진 신화가 나올 수 있다. 게임업계도 후배양성, 투자 등 공헌활동을 키우고 조직적으로 전개해 갈 필요가 있다.

10 - 공무원시험 소프트웨어 과목 포함

국내 소프트웨어 분야의 고질적인 문제점으로 지적된 소프트웨어 저가 수주 등은 공무원들의 소프트웨어에 대한 인식 부족에서 출발한다. 매년 수만 명이 치르는 공무원시험에는 실무에 거의 적용되지 않거나 앞으로 도래할 시대에 어울리지 않는 과목이 있을 수 있다. 따라서 미래 공무원들이 소프트웨어 제품의 가치를 제대로 파악하고 업무에 반영할 수 있도록 공무원시험에 소프트웨어 과목을 포함시킬 필요가 있다. 특히 미래창조과학부처럼 소프트웨어정책을 관장하는 부서의 경우 소프트웨어에 대한 이해가 필수적이다.

INTERVIEW

김경준, 송영화, 윤종록, 김진형, 김성조(왼쪽부터)
소프트웨어 전문가 5인의 제언

"정보혁명 이후 제조업과 소프트웨어의 융합이 국가 경제를 좌우하는 시대가
왔다."

김경준 딜로이트컨설팅컨설팅 코리아 대표 등 경제전문가들은 제조업과 소프트
웨어와의 결합만이 한국 경제의 재도약을 위한 유일한 해법이라고 입을 모았다.

김 대표는 "과거엔 핵심 기술 하나 만으로 일류제품을 만들 수 있었으나 이제
는 기존 하드웨어에 소프트웨어 통합운영 역량을 결합하지 않으면 세계무대에
서 성공할 수 없다"며 "이 시대에 한국 제조기업의 대응방향은 하드웨어와 소
프트웨어의 복합 플랫폼 구축, 글로벌 차원 생산역량 통합, 제조공정의 지능화
혁신, 제품 통합적 재창조 등 4가지"라고 제시했다.

송영화 건국대학교 교수는 제조업과 소프트웨어와의 결합을 너머 서비스업까지

결합되는 '서비타이제이션(service+product)' 개념 도입을 주장했다. 이 경우 기존 제조업이 누렸던 부가가치를 폭발적으로 확장시킬 수 있다는 설명이다.

송 교수는 "국내 헬스케어 기업인 인포피아가 당뇨환자 증가와 글로벌 센서 시장 규모의 성장에 따라 개개인이 병원 방문 없이 스스로 간이 점검이 가능한 휴대용 혈당측정기를 출시한 것이 서비타이제이션 적용의 대표 사례"라고 예를 들었다. 당뇨측정기라는 제조업과 건강관리라는 서비스업이 센서를 작동시키는 소프트웨어로 고부가가치를 창출한 것이다. 이후 인포피아는 LG전지, 모토로라, 노키아 등과 제휴해 당뇨폰 등 모바일 서비스를 제공하고, 수집된 데이터를 기반으로 사후관리 등의 확장된 서비스까지 제공하게 됐다.

윤종록 정보통신산업진흥원(NIPA) 원장은 "최고경영자(CEO)가 제조업 마인드에 갇혀 있는 것이 가장 큰 문제"라며 "CEO가 소프트웨어 개발자의 처우를 개선하고 인정해준다면 소프트웨어 생태계가 좋아질 수 있다"고 말했다.

이를 위해 윤 원장은 2015년 하반기부터 기업의 CEO를 대상으로 하는 경영자 과정을 만들어 소프트웨어의 중요성에 대해 알린다는 생각이다. 그는 "전통 제조업이 무너지고 있는데 소프트웨어를 접목하지 않으면 경쟁력이 사라진다"고 말했다.

김진형 소프트웨어정책연구소장은 "제조업의 CEO과 엔지니어가 우선적으로 소프트웨어에 대한 기본적인 이해를 갖춰야 하는 것은 물론이고 더 나아가 전국민적인 소프트웨어 교육이 필요하다"고 강조했다.

김 소장은 "초·중·고등학교에서 소프트웨어를 가르치고, 소프트웨어 중심 사회로 전환이 되면 모든 산업에서 컴퓨팅을 활용하는 경쟁력이 생기고 곧 국가 경제발전으로 이어 질 것"이라고 말했다.

김성조 중앙대 부총장도 기존 제조업에 소프트웨어가 결합되는 것이 바로 '사물인터넷(IoT)'이라고 강조했다. 그는 "현재 우리나라 대기업은 소프트웨어가 중심이 될 것이라는 생각이 부족한 것 같다"며 "제조업으로만 이루어진 산업이 얼마나 계속될 수 있을지에 대한 고민을 해야 하는 시점"이라고 말했다.

그는 "농부도 IT를 이해해 융합해야 한다"며 "경제 패러다임이 바뀌고 있는 만큼 IT를 기반으로 제조업에 융합하려는 노력이 필요하다"고 말했다.

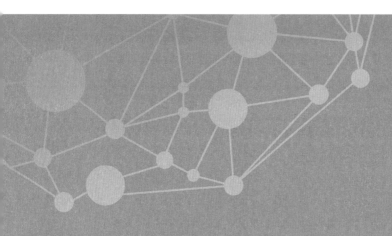

소프트웨어 강국으로 가자

부 록

[취재후기]
소프트웨어 강국을 꿈꾸며

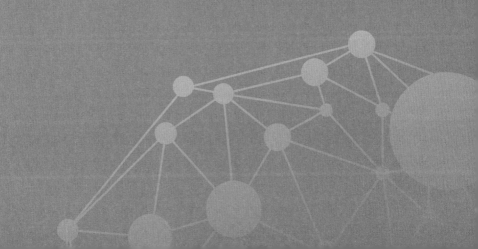

소프트웨어 기획 시리즈 취재 후기

🎙 매일경제신문은 2015년 6월 15일자부터 27일자까지 2주에 걸쳐서 한국이 소프트웨어 강국으로 가기 위한 7회 기획기사를 시리즈로 연재했다. 이 시리즈를 기획하게 된 배경은 크게 2가지 키워드로 요약된다. 즉, 한국의 소프트웨어 개발자의 삶이 3C라는 것과 중국이 소프트웨어 부문에서도 굴기하고 있다는 제보였다.

3C는 한국에서 소프트웨어를 개발하는 사람들은 비좁은 사무실에서 담배(Cigarette)와 커피(Coffee), 컵라면(Cup ramyeon)으로 때우면서 프로그램을 개발하는 작업을 한다는 것을 의미한다. 그러나 시리즈를 준비하면서 만나본 많은 소프트웨어 개발자들은 본인들의 삶은 4D라고 한탄했다. 어렵고(Difficult) 지저분하고(Dirty) 위험하고(Dangerous) 희망이 없는(Dreamless) 환경에서 일한다는 자조 섞인 용어로 표현했다. 당초 3C라고 듣고 시작한 소프트웨어 개발자의 삶이 취재를 통해 4D라고 확인할

수 있었다. 예상했던 것보다 훨씬 더 심각한 상황을 접하게 된 것이다. 소프트웨어를 둘러싼 정책, 산업, 인재양성 등을 현실을 접하면서 그래도 중국보다는 나을 것이라고 생각했는데 이는 착각이었다. 중국은 국가 차원에서 중장기 비전을 세우고 지난 2008년부터 소프트웨어 분야를 중심으로 2,000명의 세계적인 학자를 유치하겠다는 계획을 실행하고 있었다. 소프트웨어 관련 학과 전공자도 이미 2010년에 300만 명에 달해서 한국의 20배에 달했다. 중국 젊은이들 사이에서 소프트웨어 개발자는 최고 인기직업이며 대졸자 초임 연봉을 비교하더라도 소프트웨어 개발자는 평균보다 2배가 높다는 사실도 확인했다. 중국이 소프트웨어 분야에서 굴기하고 있는 모습을 보인 반면 한국은 그렇지 못한 모습을 확인할 수 있었다.

🎙 소프트웨어 분야가 매우 세분화되어 있다는 사실도 취재를 하면서 새삼 확인하게 되었다. 2014년 연간 시장규모를 기준으로 할 경우 IT 서비스가 23조 8,000억 원으로 가장 크고, 그 다음은 포털-데이터베이스가 12조 7,000억 원, 임베디드 소프트웨어 10조 2,000억 원, 게임 소프트웨어 4조 6,000억 원, 패키지 소프트웨어 3조 원이라는 수치를 접하고 놀랐다. 이 가운데 가장 부가

가치가 높은 패키지 소프트웨어의 한국 기업들의 경쟁력이 매우 낮아서 전체 소프트웨어에서 차지하는 비중이 6%에 불과하다는 사실을 발견하면서 위기감을 느꼈다.

🎙 소프트웨어 프리랜서로 활약하고 있는 사람들을 만났을 때 그들이 버는 액수를 듣고 놀랐다. 일반 월급쟁이와 비교할 수 없는 수준이었다. 하지만 곧 4대 보험이 되지 않고, '반짝' 일할 수밖에 없는 처지이기에 계속해서 다른 직장을 찾고 있다는 이야기를 들었을 때 또다시 놀랐다.

취재 시 겪은 황당한 에피소드

🎙 국내 소프트웨어분야 전문가들을 대상으로 한국의 소프트웨어산업 발전을 가로막는 대표적인 5적을 뽑아서 시리즈 2회에 보도했다. 이는 일본과의 을사보호조약이 체결되는데 정책결정자로 있거나 방조했던 을사5적을 염두에 두고 만든 것이었다. 그 결과, 정부의 잘못된 정책이 최대의 적으로 꼽혔다. 전문가들은 정부의 소프트웨어 분야 정책에 대한 점수를 묻는 질문에 100점 만점에 낙제점인 64점을 줬다. 이 보도가 나가자 미래창조과학부를 비롯해 소프트웨어 정책 관련 정부 부처에서 상당한 불만을 제기했다. 정부가 소프트웨어 산업 진흥을 위해 열심히 뛰고 있는데 너무 낮은 평가를 내렸다는 것이었다. 청와대에서도 매일경제의 소프트웨어 기획의도와 정부의 소프트웨어 정책에 대한 평가 등을 관련 부처에 질문할 정도로 높은 관심을 보였다는 후문이었다. 그러나 정부 관계자들은 불만을 제기하기 앞서

서 설문이 순수하게 전문가들의 평가에 따라 이뤄진 만큼 설문결과를 수용하고 후속 대책 강구에 힘을 쏟아야 한다는 게 학계와 연구개발자들의 지적이다.

🎙 중국 취재를 갔을 때였다. 북경대와 북경대 소프트웨어대학원은 같은 건물에 있지 않았다. 교수가 "많이 멀지 않다"고 해서 택시를 탔다. 무려 60km 이상 떨어진 거리였고, 택시를 타고 1시간 넘게 가야하는 곳이었다. 이 정도 거리면, 서울에서 경기도 외곽 지역에 있는 곳을 가는 수준인데, "멀지 않다"고 하는 중국 사람들의 스케일에 혀를 내둘렀다.

🎙 황당한 에피소드까지는 아니지만 소프트웨어 기획이다 보니 개발자들을 수없이 인터뷰했는데 기존 접했던 취재원들과 분위기가 많이 달랐다. 예를 들면 본인이 말한 내용의 쿼트를 기사가 나가기 전 문맥과 함께 보내달라는 것이었다. 해외에서 활동하고 있는 개발자들의 경우 더욱 심했다. 자신이 해외에 진출한 한국인 개발자 대표로 이야기를 한다는 점에 많은 부담을 느꼈다는 얘기도 토로했다.

🎙 미국 실리콘밸리에서 애플, 구글 등 내로라하는 IT 기업의 개발자들을 만났다. 그들은 신기하게도 외관상 공통된 특징이 있었다. 라운드티에 반바지가 자연스러웠던 것이다. 이것은 국적과 관계없이 개발자들에게 일관된 패션이었다. 실용성을 중시하는 이들에게 어쩌면 당연한 패션인 것이다.

🎙 개발자들은 자신들의 진의가 기사 속에서 왜곡되고 싶지 않다는 점을 분명히 했다. 전문을 다 보여주진 않았지만 취재 의도에 대해 충분히 설명하고 멘트의 용처에 대해 꾸밈없이 설명하자 설득됐다. 이렇게 확인과 확인을 거듭해 기사가 실제로 나가게 되자 개발자들은 진심을 잘 전달해주어 고맙다는 인사를 전해왔다.

보도가 나간 뒤 뜨거운 반응

🎤 첫 보도가 나간 후 매일경제신문 편집국에는 전화와 이메일을 통한 각종 제보가 줄을 이었다. 제보 중 상당수는 정부 정책의 문제점을 지적하거나 현재 소프트웨어를 둘러싼 국내 산업생태계의 문제점을 지적하는 것이었다. 일부는 한국의 소프트웨어 산업 수준을 업그레이드할 수 있는 다양한 아이디어를 제시하기도 했다. 특히 소프트웨어 특기자들에 대한 병역특례에 대한 제안도 많았다. 밤을 새워서라도 가장 활발하게 프로그램을 짜고 한국의 소프트웨어 기술력을 높일 수 있는 나이에 군복무를 하게 되는 만큼 소프트웨어 개발자들에게는 병역특례를 확대해야 한다는 제안이었다. 일부 제보자는 군대의 병과 가운데 전산병이 폐지되고 통신병으로 일원화된 제도적인 변화야말로 한국이 소프트웨어(전산)에 대한 관심이 적고 통신 분야 전문가들의 입김이 매우 강력하다는 증거라고 주장했다.

🎙 소프트웨어 기획 시리즈 보도가 나가고 2개월이 채 지나지 않아서 정부는 소프트웨어 분야를 보강할 정책을 줄줄이 발표하기 시작했다. 정부는 2015년 7월 21일 청와대에서 열린 국무회의에서 소프트웨어 인재양성을 위한 교육 혁신방안을 내놓았다. 주요 내용은 초·중·고등학생들에게는 쉽고 재미있는 소프트웨어 교육을 확산시키고 대학의 소프트웨어 전문 인력과 소프트웨어 소양을 겸비한 융합인재를 양성하겠다는 것이었다. 초등학생의 경우 '실과' 과목 내에서 정보통신기술(ICT, Information and Communications Technologies) 단원을 지금의 12시간에서 2019년부터는 17시간 이상으로 늘린다. 중학교에서는 현행 선택교과인 '정보' 과목이 2018년부터 34시간 이상 배워야 하는 필수과목으로 지정되고 고등학교의 경우 현재 심화선택 과목인 정보 과목이 2018년부터 일반선택 교과로 격상된다.

🎙 미래창조과학부는 2015년 7월 28일에는 '소프트웨어 중심대학 추진계획'을 발표했다. 2015년 소프트웨어 중심대학 8곳을 선정하고 이를 기반으로는 오는 2019년까지 소프트웨어 전문 인력 5,500명을 육성한다는 계획이다. 소프트웨어 중심대학은 산업현장의 요구를 반영해 교과과정을 전면 개편하고 타 전공지식과 소

프트웨어 소양을 겸비한 융합인재 양성에도 힘쓰기로 했다. 소프트웨어 중심대학으로 선정되면 최장 6년 간, 연평균 20억 원의 지원이 이뤄진다.

🎙 소프트웨어 시리즈 중 교육 부분의 기사가 나갔을 때, 소프트웨어관련 페이스북 페이지에 누군가 기사를 링크했다. 이후 뜨거운 논쟁이 벌어졌다. 수많은 댓글이 달렸고, 일부 개발자들은 그 글을 다시 자신의 블로그로 가져가 찬반을 이야기하는 글을 썼다. 솔직히 비판적인 내용의 댓글이 많았는데 연락이 끊겼던 고등학교 동창에게 뜬금없이 전화가 왔다. 자신도 지금 개발자의 길을 걷고 있는데 어떤 기자의 기사가 욕을 먹고 있나 하는 생각에 클릭했더니 네 이름이 있었다고.

🎙 보도가 나간 후 해외 개발자 뿐 아니라 소프트웨어로 세상을 바꿀 아이디어에 대해 많은 IT 업계 종사자들과 전문가, 학계인사들이 아이디어를 줬다. 원격진료부터 로봇, 자율주행차는 물론 전염병 방지대책과 농업 활용까지 소프트웨어가 가진 무궁무진한 가능성이 보이는 듯했다.

해외 취재에서 부러웠던 점

🎤 "소프트웨어가 세상을 먹어치운다"는 마크 앤더슨의 말이 처음 나왔을 때, 이에 공감하는 사람은 그리 많지 않았을 것이다. 최신 유행을 좇는 사람들이나 실리콘밸리에서 일하는 IT 종사자들 외엔 이 말이 그다지 피부로 와 닿지 않았을 터다. 하지만 이 말은 더 이상 버즈 워드가 아닌 현실이 돼 가고 있었다. 기획 취재를 하기 전 피상적으로 느꼈던 이 문구가 취재를 하면 할수록 더욱 깊이 공감을 일으켰다.

🎤 핀란드 헬싱키에서 만난 소프트웨어 기업 레악토르의 유하 파나넨 씨는 자신의 네 살배기 딸 밀라에게 코딩을 가르치고 있다. 그는 딸이 엔지니어가 되길 꼭 바라는 것은 아니지만 미래 세상에서 남들에게 뒤지지 않을 만큼의 기초 소양을 갖고 있길 바란다고 말했다. 파나넨 씨처럼 생각하는 사람은 핀란드에서

어렵지 않게 만나볼 수 있다. 이처럼 소프트웨어는 영어와 같이 세계인이 소통하는 또 하나의 공용어가 돼 가고 있다.

🎙 2014년 9월부터 잉글랜드 지방을 중심으로 초등학교에 소프트웨어 공교육 커리큘럼을 편성한 영국은 소프트웨어를 통해 또 한 번의 산업 혁명을 꿈꾸는 듯 했다. 영국 런던 동북부에 위치한, 상대적으로 빈촌에 속하는 치센헤일의 한 공립 초등학교에서도 초등생들은 스크래치(MIT에서 만든 소프트웨어 교육 도구)를 자유자재로 활용하며 자신만의 게임을 만들고 있었다. 알고리즘과 코딩이라는 어려운 용어를 쓰지 않고도 그들은 컴퓨터와 소프트웨어를 자연스럽게 받아들였다.

🎙 핀란드 헬싱키 외곽의 반타 역시 이민자들이 많고 부모들의 소득이 높지 않은 동네다. 이곳의 한 초등학교에서 소프트웨어 꿈나무 4인방이 핀란드 국가대표가 돼 유럽 소프트웨어 대회에 진출한 점을 미뤄보면 소프트웨어를 통해 모두가 평등한 기회를 갖게 된다는 생각이 든다.

🎙 최근엔 아이언맨의 모델인 엘론 머스크 테슬라 최고경영자

(CEO)가 자신의 트위터에 자사 모델인 S세단이 자율주행할 수 있는 소프트웨어 개발이 막바지 단계에 와 있다는 것을 밝혀 화제를 모으기도 했다. 그만큼 미래 산업을 선도할 사업 분야에서 소프트웨어는 가장 핵심적인 역할을 해오고 있다는 사실을 이번 소프트웨어 기획 시리즈 취재를 통해 깨닫게 됐다.

🎙 기획 시리즈를 통해 해외 현장을 취재하며 가장 부러웠던 점은 개발자들에게 업무 시간 가운데 자신만의 관심사에 기반한 사이드 프로젝트를 할 수 있는 여유 시간을 준다는 것이었다. 상사나 회사의 목표에 구애받지 않고 자신이 상상력을 펼칠 수 있는 프로젝트에 순수한 열정으로 임하는 모습이 생경하기도 했지만 한편으로는 부러웠다. 핀란드 레악토르에서 만난 한 개발자는 "주업무에서 내는 성과보다 사이드 프로젝트를 통해 세상을 바꾸는 결과물이 많이 나온다"며 "노력에 열정이 더해진 결과이기 때문에 더욱 값지다"고 설명하기도 했다.

🎙 실리콘밸리에서 소프트웨어를 취재하면서 가장 부러웠던 것은 투자자와 개발자간의 손쉬운 만남과 투자자의 동기유발을 돕는 투자 방식이었다. 우선 실리콘밸리에는 하루가 멀다하고 투자자

와 개발자간 만남이 이뤄졌다. 개발자들은 자연스럽게 자신의 소프트웨어를 소개할 수 있었다. 아울러 투자자가 개발자에게 투자를 하더라도 한국 같으면 지분 대부분을 투자자가 먹으려들지만 이곳에선 절대 50% 이상 지분을 투자자가 가지지 않고 과반을 개발자에게 주는 관행이 있었다. 이는 개발자에게 대주주 지위를 줌으로써 지속적인 개발에 대한 동기유발을 하는 효과가 있다.

🎙 하버드 대학의 최고 인기강좌 CS50(컴퓨터개론)는 그 강의를 듣는 것 자체가 충격이었다. 이 강의는 대학 1학년생이 듣는 교양 수업이다. 그래서 컴퓨터에 대한 기초적인 내용을 가르치고 수업을 듣는 학생들도 전공이 다양하다. 그러나 이 강의를 듣는 것은 학생의 인생을 바꿔놓을 만큼 강력했다. 간단한 알고리즘을 통해 자신이 프로그램을 만들 수 있었다. 수업을 들은 한 학생은 컴퓨터 전공이 아님에도 불구하고 소프트웨어업으로 진로를 돌렸다.

보도 후 달리 보이는 세상

🎙 소프트웨어 기획 시리즈를 취재하면서 한국 주요 산업의 미래와 한국경제가 걱정되었다. 고부가가치 선박을 많이 만들어서 '조선 강국'으로 불리는 한국이 첨단 선박의 기본설계는 90% 이상을 선진국에 의존한다는 사실을 접하면서 이 같은 우려는 더욱 깊어졌다. 제조업의 부가가치를 높여주는 임베디드 소프트웨어 또한 평균 90% 이상을 해외에 의존하고 있는 것이 한국의 현실이었다. 지금 수준으로 간다면 한국의 낙후된 소프트웨어 경쟁력이 제조업은 경쟁력을 끌어내리는 주범으로 몰릴 형국이다. 그런 만큼 이제는 한국의 제조업 발전을 위해서라도 소프트웨어 부문 경쟁력을 집중적으로 키워야한다는 생각이 확고해졌다.

🎙 모든 것이 소프트웨어로 보이기 시작했다. 이렇게 타자를 칠 수 있는 이유도, 스마트폰을 사용할 수 있는 이유도, 지하철에

있는 TV도, 모두 소프트웨어 때문에 가능하다는 생각이 들기 시
작했다.

🎤 소프트웨어가 세상의 중심이 되어야 한다는 생각이 들었다. 우
리나라는 제조업 중심의 경제 구조를 가지고 있다. 지금까지 제조
업은 효율성을 높이는 방식으로 발전해왔지만 더 이상 효율성이
아닌 혁신이 성공의 중요 요소가 되었다. 여기엔 소프트웨어가 핵
심적 역할을 한다. 우리 경제가 한 단계 도약하기 위해선 소프트웨
어가 제조업과 완벽히 결합되어야 한다는 생각을 하게 되었다.

대한민국이 진정
소프트웨어 강국으로 가는 길은

🎙 개발자에 대한 인식 전환이 가장 필요하다는 생각이 든다. 여전히 소프트웨어는 불법복제해서 사용한다는 생각, 소프트웨어 개발자들은 창의력이 필요 없는, 주먹구구식으로 일을 시키고 발주를 하면 된다는 생각, 이 생각만 없어지더라도 대한민국의 소프트웨어 시장은 크게 달라질 것이다.

🎙 소프트웨어 강국이 되려면 우선 대기업부터 소프트웨어 파트너기업을 육성해 다양한 신규 서비스를 출시하고 시장을 선점하는 노력이 필요하다. 그간 우리나라 기업은 소프트웨어 기업을 자회사로 두고 모회사의 인트라넷 정도만 개발시키는 서비스 회사로 치부해왔다. 하지만 이제 동등한 파트너십을 통해 핵심적인 서비스와 플랫폼을 개발하게하고 글로벌 사용자를 확보할 필요가 있다는 지적이다. 최근 기업경쟁력이 서비스 자체 경쟁력

보다 파트너 기업의 보완적 서비스에 더욱 영향을 받는다는 추세를 감안하면 더더욱 그렇다.

🎙 GE의 실리콘밸리 소프트웨어 센터 방문을 하고 느낀 것은 우리나라가 이미 많이 뒤쳐졌다는 것이었다. GE는 이미 소프트웨어로 미래 많은 문제를 해결하는 것을 시도하고 상품화하고 있었다. 예를 들어, 이미 가로등에 센서를 부착해 치안과 교통흐름 등에 대한 데이터를 받아서 더 개선하는 작업에 나서고 있다. 우리는 과연 어떤 수준에 있는지 심히 걱정되었다. 이를 해결하기 위해선 소프트웨어 인력 확보와 인식 개선이 필수적이다.

소프트웨어 **강국으로 가자**

초판 1쇄 2015년 9월 10일

지은이 매일경제 소프트웨어 기획취재팀
펴낸이 전호림 **편집총괄** 고원상 **담당PD** 신수엽 **펴낸곳** 매경출판㈜
등 록 2003년 4월 24일(No. 2 - 3759)
주 소 우)04627 서울특별시 중구 퇴계로 190(필동 1가) 매경미디어센터 9층
홈페이지 www.mkbook.co.kr
전 화 02)2000 - 2610(기획편집) 02)2000 - 2636(마케팅) 02)2000 - 2606(구입 문의)
팩 스 02)2000 - 2609 **이메일** publish@mk.co.kr
인쇄 · 제본 ㈜M - print 031)8071 - 0961

ISBN 979-11-5542-340-0 (03320)
값 13,000원